知らないとバカを見る!

工務店で「納得の家」を建てる方法

市村 崇
ホームインスペクター　一級建築士
(社)住まいと土地の総合相談センター 代表理事

JN110868

廣済堂出版

はじめに

2019年に「工務店で後悔しない家を建てる方法」を発刊しました。
その書籍では、工務店に着目して筆を走らせ、工務店とハウスメーカーの違いや、工務店の良し悪しの見分け方などを書き上げました。

「住まいと土地の総合相談センター」代表理事の私が、父と一緒にインスペクションを手がけはじめたのは今から7年前のことですが、その時から、ハウスメーカーの仕事の仕方はもう限界がきているな……と思っていました。
そうした理由から、3年ほど前まではハウスメーカーの情報に特化して書籍を発刊してきましたが、2017年に初めて工務店の情報も公表し、大きな反響をいただきました。

さて、現在の業界情勢はどうなっているでしょうか?

本編でも説明しますが、ハウスメーカーの現状は悲惨の一言ですね。
展示場は閑散とし、撤退する大手ハウスメーカーが目立ちます。

業界大手の積水ハウスは、ローコストメーカー対策として、安価な商品を販売する別会社「積水ハウスノイエ」を起ち上げて、ローコストの価格帯まで取りに行く姿勢です。一時期は高額路線を狙っていましたが、思ったようりうまくいっていないのでしょう。地面師事件からの社内のドタバタも少し気がかりです。

ダイワハウスはアメリカでの事業を拡大する計画のようで、西海岸の住宅会社トゥルーマーク・カンパニーズを買収したというニュースを目にしました。売上4兆円超えの大企業も日本の低層住宅には見切りをつけて、倉庫や大型商業ビルを手がけるとともに、アメリカでの海外事業を推進していく様子がうかがえます。

2019年には「パナソニックホームズ」と「トヨタホーム」が事業統合するニュースが耳に入りました。トヨタホームは「ミサワホーム」の親会社と言っていいですから、実質3社のハウスメーカーが協働していかないと住宅事業が厳しいというのが答えでしょうか。

その共同出資会社「プライム・ライフ・テクノロジーズ」は、インフラからスマートハウスを軸に特色を出していくと思われますが、同じ路線で攻めていくであろう有力会社は「ヤマダホームズ」です。

歴史ある小堀住建（エス・バイ・エル）を下に持ちますが、現在では完全に社名を一本化しています。家電セットのスマートハウス、リフォーム、住宅検査（検査会社の「家守りホールディングス」と業務提携）を推し進めていく感じですね。

各社が苦戦を強いられているなか、ハウスメーカーが撤退する展示場空地には、ビルダーや工務店のモデルハウス建築が目につきます。

「工務店で家を建てる」

そう思う方が増えてきたように思います。規格化された住宅を買うのではなく、自分たちの生活スタイルに合った「家を建てたい」という思いからでしょうか。

ただし、工務店と言っても、その姿は一般消費者にはわかりづらいものがあります。当センターに相談に来られる多くの方からも、「工務店の見分け方がわからない」とか「工務店とどのように家づくりを進めていけばいいか不安だ」という声をたくさんいただきます。

そのような疑問や不安を少しでも解消できるようにと思い、本書を刊行します。少しでも皆さんの家づくりの助力になれば幸いです。

2020年3月

市村　崇

CONTENTS

目次

知らないとバカを見る！

工務店で「納得の家」を建てる方法

Chapter 2
良い工務店と悪い工務店を見抜く

Chapter 3
気になる「耐震・断熱」の正しい知識

Chapter 4

座談会——工務店の社長さんに聞く！

Chapter 5

市村塾 工務店で「納得の家」を建てる 全国実例31社紹介

中国

Chapter 1

家を建てる前に

――「工務店で家を建てる」ってどういうこと？

Q 家を建てたいと考えたとき、まず何をしたらいいですか？

A あなたの家に対する考えを整理してください。

家を建てたい、買いたいと思いはじめるのは、家族構成の変化、家賃を払うのがバカバカしくなった、転職や転勤など、人それぞれにきっかけがありますよね。

どんな家を建てようか？
どこに建ててもらおうか？

夢が広がるひとときを楽しみながら、皆さん、まず情報集めから始めますよね。

調べていくと、家を建てる依頼先には、ハウスメーカー、工務店、ローコストビルダー、さらには建売と、さまざまな選択肢があることがわかります。

さて、この中からどこを選びましょうか、という前に、ちょっと待ってください！

あなたは、住宅会社の違いや特徴を理解していますか？

「家を建てる」といっても、つくり手によってできあがるもの（家）には大きな違いがあります。そのことを理解すらしていない段階で、「さあ家を建てよう」と積み立ててきた大金を使ってしまおうとする。……危険極まりない行為です。

うち(住まいと土地の総合相談センター)でも、家づくりの依頼先に関して悩みを聞くことが多いですが、ここでアクセルとブレーキを踏み間違えると、夢の家づくりが絶望に変わりかねません。

単に「家」という商品を手に入れたいのか?　自分も一緒になって「家づくり」に取り組みたいのか?

「家は買うだけでいい」という人を否定するわけではありません。でも、どうせなら家族のこと、将来のことなどじっくり考えたうえで正しい情報を集め、後悔のない家づくりをしていただきたい。

少なくとも工務店で家を建てようとこの本を手にとったあなたは、「家を買いたい」ではなく、「家を建てたい」と思っているはずですから。

Q 住宅会社って建て方や売り方に違いがあるんですか?

A いい質問ですね。パートナー(住宅会社)を知るところからスタートしましょう。

家づくりの会社選びに、何が正しいという絶対解──はありません。なぜなら個人の価値観が違いますし、手に入れたい家の理想像がそれぞれ違うからです。
ですから、自分の価値観をベースにして、それに近づくにはどういう選択をしたらいいかを考えていく。それには、正しい知識と情報を手に入れることです。

まずCMでよく目にする○○ハウス、○○ホームといったハウスメーカーですが、ハウスメーカーは家をつくってはいなくて、「家という商品」を販売しているに過ぎません。

では、工務店はというと、こちらは一括りにはできません。工務店には、いくつかの棲み分け（種類）が存在するからです。

ひとつは下請け工務店。大手ハウスメーカーの指定工務店というような呼び方で、そこの住宅を専門に建てています。

フランチャイズ方式を展開するメーカーの加盟工務店は、自社で商品開発はしないで、本部の資材調達ルートや規格部材などを利用した規格住宅。ですから、「つくっている」というより「売っている」という感じ。アイフルホームやクレバリーホームが有名ですね。

一方、地元に密着しているのが、直販・直施工の工務店です。主に地場（地元）エリアのみで対応し、施主に近い目線できめ細かな対応をしてくれる（全部がそうではありませんが）という感じが注目を集めています。

Q ハウスメーカーの状況が悪いと聞いていますが、どうなんでしょうか?

A やり方に限界が見えてきているという感じですね。

１９７０年代ぐらいからハウスメーカーがリードしてきた住宅市場の勢力図も変わりつつあります。

着工件数が減少し、低価格化と値引きの拡大、リストラや引き抜きなど、さながら戦国時代の様相を呈しています。

大手ハウスメーカーは、少し前までアッパー層を狙い、高価格帯の家（坪１２０万円程度）を売ろうとしてきましたが、それが売れなくなったため、割安感のあるセカンドブランドを投入して、工務店と競合する総額目安、坪70万円台の家まで登場しています。

「大量供給」を原則とするハウスメーカーのやり方に限界が見えてきて、ハウスメーカーが登場する前の時代に戻ったように感じる状況です。

そのことを裏づけるかのように、ハウスメーカーの独壇場だった住宅展示場からの撤収傾向が、このところどんどん進んできています。その空いたスペースに、意欲のある工務店が出展する、こんな時代になってきています。

Q 無料マッチングカウンターはどうなんですか？

A 正確には無料ではないんですがね……。

家を建てるための情報収集の窓口として考えられるものは主に4つあります。

住宅展示場に行く、ネットでホームページを見る、家を建てた親族や知り合いに相談したり、ヒヤリングする手もありますね。匿名の掲示板、実際に建てた人のブログなどもあります。

住宅展示場はかつては大盛況でした。しかし、今は時代が変わって、先ほど言ったように、住宅展示場はハウスメーカーの主戦場ではなくなりつつあります。

それに代わって、最近の選択肢として「SUUMOカウンター」をはじめとする無料のマッチングカウンターが、家を建てたい人の相談窓口として主流になりつつあります。

しかし、はっきり言ってこれはお勧めできません。

たしかにマッチングカウンターに行くと何かしら会社を紹介してはくれますが、その窓口にいるのは、果たして家づくりやいろんな住宅会社の特徴に精通した人でしょうか？

とてもそうは思えません。ですから、たまたまうまくいく例はあるにせよ、建主の事情や将来までを考え抜いたマッチングができているとは思えないのです。

しかも無料と言っていますが、正確には無料とは言えません。ボランティアでない限り、常識的に考えれば何らかの仲介料が発生すると考えられます。だとすれば、最終的にそれを負担しているのは誰か、ということを考えてみてください。

Q ローコスト住宅ってどうなんですか？

A 「ローコスト住宅とはこういうものだ」と理解して買ってください。

たまに「市村先生はローコスト住宅は（選択肢として）ナシなんですよね？」という質問をいただきますが、絶対にナシと言っているのではありません。

詳しくは後で述べますが、会社は適正な利益がなければ成り立ちません。

「うちは利益10％でやっていますから、この値段が可能なんです」と言う営業がいるとしましょう。

　その会社が1棟１２００万円の家を年間24棟建てている会社と想定すると、利益は２８８０万円です。給料や社会保険や諸経費などにかかる1人当たりの人件費を年間８００万円とすると、社員を４人置くこともできません。おかしいことはおわかりいただけるでしょう。

　つまり、どこかに無理をかけないと成り立たない。固定費を減らすために営業とアフターメンテナンスを兼任させれば1人減りますが、営業は稼いでナンボです。そうするとアフターサービスの質が落ちますよね。


設計担当を減らせばミスが起きます。工事担当を減らせば現場にミスが出ます。

　ですから、ローコストを選択するなら、「ローコスト住宅ってこういうものなんだよ」と理解してから買ってください、ということなんです。

　世の中は需要と供給。ニーズがあるから商売として存在しているんです。ただし、「どの会社がどんな家を建て、そのために何を優先し、何をあきらめているか」ということは、よく知ってから依頼しないと、自分の欲しかった家、あるいはアフターを含めたその後の対応とのギャップに悩まされる人が増えてしまう。実際、そういう事例が多いのが実情です。

Q 工法がたくさんあるのはなぜですか？

A 絶対解がないからです。

木造なら在来工法、ツーバイフォー、木質パネル、そして鉄骨、ＲＣと、家を建てる工法はたくさんあります。

なぜ、そんなにたくさんの工法があるかというと、絶対解がないからです。

たとえば、３０００万円の家を工務店Ａ、Ｂ、Ｃの３社に頼んだとしても、絶対に同じ家はできないですよね。たとえ工法が同じであったとしてもできないんです。

それは、それぞれの会社が「いい家」と思い描いていることがそれぞれ違うからです。

つまり、みんな正しい答えがあると思っているのですが、その答えは全部違う。だから、家を建てる人がどの会社とマッチングできるかが非常に重要になってくるんです。

さらに深掘りすると、Ａ、Ｂ、Ｃの3社に同じ図面を渡しても、同じ家はできません。

それは、つくり手のスキルが違うからです。大切な家です。そこまで理解して会社を決めてほしいですね。

Q 自由設計って、どんな家でもつくれるってことですか？

A そんなことは絶対ありません！

自由設計というのは、簡単に言えば「間取り」の自由度があることです。

ただし、間取りというのはパズルのようなものです。

家は玄関、階段、水回りを決めたら、あとは、ある程度のパターン、セオリーの中からの組み合わせです。強度確保、工法上の限界もありますから、自由と言っても制限・制約は当然あります。

「うちは好きなクロス、タイルが選べますよ」ということを自由設計と呼んでいるところが多いですね。

ただし、その部材は社長の好みで選んでいる場合が多かったりしますから、本当にいいかは疑問ですね。社長の好みなんですから。

だから「自由設計」という言葉に惑わされないでください。

Q 「屋上はどうですか？」と提案されて、その気になっているのですが……。

A あなたが使うシーンをきちんとイメージできていますか？

「屋上」って、響きはステキですよね。

ただ、暮らし方の提案をするうえで「屋上つくろうよ」という話ならいいんですが、単に差別化したい意図だけで提案してくる会社がありますから、そんなところに頼むと痛い目に遭いますよ。

特に木造の場合は屋根と兼用なので、日常メンテや清掃がきちんとできていないと雨漏りに直結し、想定外の補修費用がかさむことになりかねません。

さらによく考えてみてください。

冬の寒い日に屋上へ出たいですか？

6月、7月は梅雨で雨が多くて、出られない日が多いですね。

8月、9月は暑いし、台風もゲリラ豪雨もあります。

屋上でワイワイ遊べる日は年に何日あるでしょうか。

屋上があれば自分の人生が豊かになるのかどうか

を判断してください。

Q 「フル装備の家」って魅力的ですが、どうなんでしょう？

A 特徴がないので「フル装備」なのでは？

高耐震や高断熱はもちろんのこと、高性能な窓、さらにはグレードの高い家具や家電に至るまで、いろんなもの（会社によって内容はさまざまですが）が標準仕様でついてくる「フル装備の家」をウリにする会社が増えていますね。

でも、フルって器に対してフルなわけですよね。あなたは家に何でもかんでも詰め込みたいですか？

営業が「売りやすいから、儲けが出るから」って話が多いんですよ。

いろんなものが初めからたくさんついてくるだけのことで、それと「いい家」とは別ものだと思いませんか？

考えるのはメンドクサイからという人は別として、自分に必要なものをきちんと選んでください。

Q 直販・直施工の工務店とはどういうところですか?

A 家を自社でつくって自社で売る会社です。

直販・直施工とは、自社で販売もやれば、設計、施工管理もしているということ。設計は外部と契約している会社もありますが、つくることと売ることを自社で完結しています。

事業規模はだいたい100棟未満(多くは24~72棟)。営業エリアは、施工場所までの距離(半径何キロ以内)や時間(車で何分以内)等の目安を決め、毎日の業務に支障をきたさない範囲を設定しているところが多いですね。

また、大工さんを抱えている(社員にしているところもある)のも特徴です。いつも同じ大工さんが仕事をしてくれるので、現場によって施工内容や精度が大きく変わることはありません。

Q 工務店の営業は何棟くらい担当してるんでしょうか？

A 年間で1人6棟くらいまでが適正販売棟数ですね。

　工務店の家づくりは、営業と設計と工事がワンチームで行います。他にもアフターメンテナンス、会社の事務、そして固定費用も計上しなければなりません。そこから家の適正価格も決まってきますし、可能な販売量も算出できるんです。

　つまり、このバランスが崩れると健全な会社とは言えなくなってきます。

　次の図表をご覧ください。３０００万円の家を24棟販売して、利益が20％なら健全な経営が成り立つことを示しています。

「1棟3000万円の家を年間24棟建てる」工務店の健全経営の基本構成

● **社員 12 人**（社長、専務を加えて 14 人）で
年間 24 棟販売のモデル

営　業=4人（年間6棟販売／1人）
設　計=3人
工　事=3人
メンテ=1人
事　務=1人

● **売り上げ**=3000万円× 24 棟=7億2000万円

● **粗利 20%**=1億4400万円 ……………………………①

● **支出**

人件費=1億1800万円（社長1200万円＋専務1000万円＋
社員800万円×12人…社保などを含む）……………②

固定費=2600万円（1・44 億−1・18 億）
=217万円／月（事務所、車、宣伝など）……………③

★ ①=②+③ ですから、利益と支出がトントンになります。

Q 「施工力が大事」と聞きましたが、何のことですか？
A 守らなければいけないものをきちんと守る力です。

文字で書くと難しいかもしれませんが、工務店に「御社の施工力はどうですか？」とぜひ聞いてみてください。

「ありますよ。年間何棟建てています。1人何棟受け持っています」と、答える会社が多いんですが、これは施工力ではありません。施工棟数対応力であって、稼働棟数の話をしているんです。

「前年比160％です」なんて話すのも論外ですね。たとえば、前年40棟の会社が翌年160％の伸びなら64棟です。

24棟増えるということは、前表で示した企業が1社分、つまり12人の人員が必要になるはずです。いかに無理がかかっているかおわかりいただけますよね。

本当の施工力とは、品質の担保をどう取っているかの話です。

守らなければいけないことをきちんと守る力がどれくらいあるか。つまり、工事責任者が、法令、構造の知識、計画の知識、材料の特徴や特性の知識、いい家を建てるための知識をどのくらい持っているのかということになります。

だから、現場監督と話をすれば、その会社の施工力はだいたいわかりますし、一般の人でも「御社の施工力とは？」と聞いて返ってくる答えで、ある程度は判断できると思います。

Q 「工務店のガラパゴス化」とは何ですか？

A 親方の教えしか知らない職人が多いことです。

先の質問とも絡みますが、そもそも現場工事に携わる人たちが、建築とか施工に関する正しい知識をほとんど持ち合わせていないことが多いんです。

すべてが「親方にこういうふうに教わったから」で進んで、「建築基準法の第何条にあるから」ではないんですね。自分の親方は前の親方から聞いてきたことを教えているだけで、それが世代交代しても連綿と続いていく世界です。

原っぱに車を持っていけば、運転免許証のない人でもエンジンをかけてアクセル踏んでブレーキをかける。だいたいその程度はできますよね。そのレベルで道路に出ちゃってる大工さんが一杯いるんです。

車を動かすことはできるけど、道路交通法なんてまったく知らない。みんなに合わせて一緒に動いていけるだけ。そういう大工さんですね。

正しいことが下の世代の職人に知識としてきちんと伝わっていない。だから、この品質重視の現代に照らし合わせると、守るべきことが守られていないということが非常に多く、世の中に取り残されてしまっている業界。だから「ガラパゴス化している」と呼んでいます。

「家を建てる会社に頼むんだから家が建つ」と思っている人が多いと思いますが、ただ家を建てることと「きちんとした家を建てる」ことは違います。

なぜこうなってしまうのかというと、この業界の特徴として、つくる人と売る人が一緒だということがあります。本なら著者が書いて編集者が吟味し、出版社が販売します。それぞれに役割があり、良いものを作るための意見を交換します。ところがこの業界は、どこにもそういうチェックが入る場がない。そういう世界なんですね。相互監視ができないから、第三者が指摘しない限り「これでＯＫだよね」と勝手に納得して進んでしまう業界なんです。

Chapter 2

良い工務店と悪い工務店を見抜く

Q 良い工務店を知るにはどういう方法がありますか？

A HPを見ただけでわかることがあります。

今やHPは企業の顔ですから、どの工務店もHPに力を入れています。

工務店のHPを開いたら、まず企業理念のページを開いてください。

理念がわかりにくかったり、当たり障りのない表現、いかにも万人受けを狙った感じというか、共感を得やすい表現ばかり（悪く言えば言葉が軽い）のところはダメですね。

そして、理念がいくら立派でも、実際の家づくりとの整合性があるかどうか。

ただ「良い家を建てたい」「高品質の家を提供したい」と言われても、具体的なことがよくわからないですよね。

「うちの理念は○○。だから、この工法を採用しています、この材料を使用しています」とあれば、よくわかります。

たとえば、「家は人の命を守るものだから、自然素材がいいですよね」と言いながら、実際に使っているのは新建材ばかりだとしたら、理念と実践が整合していませんよね。

ほかにも参考になることはたくさんあるはずです。

ＨＰで各社を比較してみてください。

その工務店の空気のようなものが感じられるくらいじっくり眺めれば、あなたが建てたい家が見えてくると同時に、その工務店が誠実な家づくりを実践しているところかどうか、そして手を組みたいパートナー（工務店）かどうか。ＨＰにもそうしたヒントが詰まっています。

Q 工務店に頼む一番のメリットはなんですか？

A トップ（経営者）と話ができることです。

ＨＰでわかるという話の続きですが、もうひとつ、ＨＰに社長の顔が出ていないところは要注意です。社長が顔を出せない理由があるんじゃないかと勘ぐりたくなります。

やはり社長が堂々と顔出しして、理念をしっかり語っているところ。こういうところのほうが安心感がありますよね。

また、実際に工務店を訪ねたときには社長や役員（部署の責任者）をつかまえて、「今年は何棟増やすつもりか？」「どうやって社員のモチベーションを上げているのか？」と聞いてみてください。

多くは「面倒くせえなぁ……こいつ」という顔をするでしょう。こういうところとは絶対に契約しないでください。

逆に、「よくぞ聞いてくれました」とばかりに話してくれるような工務店は、経営に自信を持ち、経営計画をきちんと作って対応しているということですから、信用できるはずです。

トップと話した後で営業担当の話を聞いてみてください。トップと現場でギャップがなければ、信頼感がアップしますよね。工務店の多くは、社員が10人程度から多くて数十人ですから、社員とのギャップがひどくあっては理念の共有も経営もうまくいきません。

Q 工務店の社歴は気にしたほうがいいですか？

A 工務店の実力は「創業10年以降」に初めてわかります。

社歴が短いから悪いというわけではないですが、家は5〜6年経った頃から本格的なアフターメンテンスが必要になり、それが工務店の利益を圧迫しはじめます。

そのアフターメンテナンスの大きな波を迎えたときになって、工務店の本当の実力が見えてくるんですね。

だから、社歴10年未満の会社は、ある意味、内容が良くて当たり前なんです。

だからと言って、若い会社は要注意というだけであって、もちろんここは大丈夫だろうという会社はあります。

ただし、ひとつ言えるのは、若い会社で営業範囲が急激にどんどん拡大している会社は要注意。数字を追いかけるあまり、無茶な現場になっている可能性が高いからです。

Q ほかにも工務店を選ぶ際の注意点はありますか？

A 長いつき合いになることを理解しておいてください。

一般の人にはわかりにくいことですが、「社員のモチベーションをどんなことで保っているか」もその会社を見抜くうえで重要です。

給料が高いとか成績を褒めることで社員のモチベーションを保っているというだけでは、その会社は危ないです。

会社の理念に「ゆっくり家づくりを進めます」とあるのに、何回か会うと「今月中には契約してください」と言われたら、「ただ数字を上げたいだけじゃん！」なんて気分にさせられますよね。

そんなところとはつき合いたくないでしょう。

「家づくりの本質は何か？」「うちの会社は家づくりを通してこれを実現したいんだ」といっ

た、家づくりという仕事に対する理念を、営業も設計も工事も意識して持っているところとつき合いたいと思いませんか。

家づくりは建てて終わりではありません（建てたら終わりという感じのところもありますから、気をつけてください）。長い間のおつき合いが建ててからも続きます。

だからこそ、くれぐれも失敗のないパートナーをじっくり探してください。

Q 選んではいけない工務店の事例はありませんか？

A いくらでもありますが（笑）。

営業が嘘つきとか、図面がデタラメとか、現場担当が何も知らないとか、そもそも売れればいいとしか思っていなくて守らなければいけない建築基準を無視しているとか、箸にも棒にもかからないようなひどいところの事例も結構あります。

また、そういうところが儲けてCMを流しているような例もありますから、要注意です。

そういう論外のところ以外でありがちな例を挙げれば、社長の好みで「イタリア製の石」を勧められた例があります。

「イタリアの石がカッコいいから外壁に貼りたい」という提案です。それが通って、社長自らイタリアへ買いつけに行き、アクセントで前面外壁に貼ったところ、しばらくするとサビ汁だらけになりました。

石に含まれる鉄の成分が異常に多かったんですね、日本は雨が多いので、垂れ流しでサビ汁になってしまったというわけです。

チャレンジするのはいいけれど、デメリットや危険性もあるということを理解して部材設計しなければなりませんという見本ですね。


家づくりの良し悪しは、依頼先の良し悪しはもちろんですが、建主の意識や姿勢によっても左右されるということを覚えておいてください。

あなたがしっかりしたプランや目的意識を持ち、工務店の社員や現場の職人と一緒に家づくりをするんだという意識をどこまで持てるか。逆に言えば、それができるのが「工務店で家を建てる」ことの最大のメリットであると認識してください。

Chapter 3

気になる「耐震・断熱」の正しい知識

Q 「最低限備えよ」とされている耐震性能とは、どの程度のものですか？

A 建築基準法には、「建物は損傷しても人命は守ろうよ」という基準が定められています。

建築基準法第1条にはこう書かれています。

第1条（目的）：この法律は、建築物の敷地、構造、設備及び用途に関する**最低**の基準を定めて、国民の生命、健康及び財産の保護を図り、もって公共の福祉の増進に資することを目的とする。

ですから、家が壊れないことを目標軸にしているわけではないんです。

具体的には、地震の大きさを2段階で分けて述べています。

①数十年に一度の割合で発生するとされる地震

②数百年に一度の割合で発生するとされる地震

関東では、②の数百年に一度の割合で発生すると想定されている地震は、関東大震災の揺れに相当するとされています。

建築基準法では、②の地震発生の際には、建物はある程度損傷しても構わないが、倒壊するのを防ぎ人命を守ることを目的としています。

地震被災で家が破壊されている映像を見て、一般の方は「簡単に壊れている！　なんてひどい」と思うかもしれませんが、いくら壊れても「死亡事故につながらず、被災者が無事でインタビューを受けられているのなら技術者としては正だ」ということになっています。

こう言うと相当なギャップを感じると思いますが、まずはこの「ギャップ」を理解しなくてはなりません。

Q 耐震等級とはどんなものですか？

A 等級1〜3で、耐震性能を表したものです。

建築基準法の規定を満たしたものを「耐震等級1」とし、簡単に言えば「その1・25倍が耐震等級2」、「その1・5倍を耐震等級3」と呼ぼうよ、というものですね。

ですが、これらはあくまでも机上の計算です。実際には、図面（計算）通りに施工されて初めて耐震性能が発揮されますから、数値だけを見て「地震に強いんだ！」と思わないでください。

以前から「地震大国」と言われてきたわが国ですが、地震だけでなく、津波や台風など想定しなければいけない災害は多く、もはや「災害大国ニッポン」という状況です。

それゆえ、各社ともその性能アピールを実施して住宅販売をしていますが、購入（建てる）側が「きちんとした耐震に関する基本知識」を持っていないと、住宅会社の打ち出す「性能（と思える数字）比較」で住宅会社を選んでしまうことになってしまいますね。

耐震最高等級３は当然として、さらにその上の安心を。

国の定める耐震性は「耐震等級３」が最高等級。しかし、一条の住まいは標準仕様でこのレベルをクリアし、それを超える自社基準を設定して研究開発を行っています。そしてさらに、建物の強さだけではなく、建物を下から支える地盤の重要性にも早くから着目。社内に地盤調査研究所を設立し、地盤の強度に合った適切な基礎を選定しています。

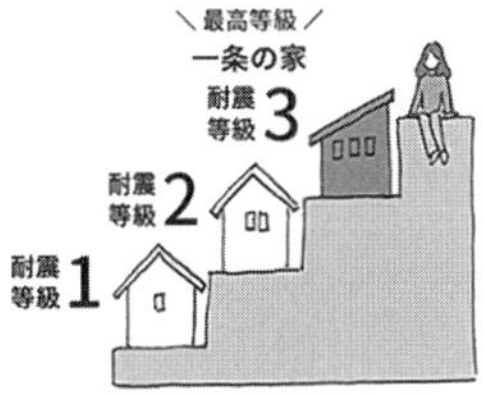

最高等級以上の安心を基準としています

画像は、一条工務店 HP から

「住宅の品質確保の促進等に関する法律」による10年間の瑕疵担保責任の義務化と、任意の住宅性能表示制度に対応して、積水ハウスでは万全の体制を整えました。瑕疵担保責任については、独自の保証を加えて20年の保証制度を実現。

性能表示制度についても、次の5項目ではトップレベルの仕様を標準設定としています。


【構造の安定(耐震性・耐風性)】:実験検証と徹底した品質管理によって高い構造強度を実現した独自の構法を採用。

【劣化の軽減(耐久性)】:鉄骨の耐久性を守る高度な防錆処理を施し、さらに床下や小屋裏の換気で徹底した湿気対策を実施。

【維持管理・更新への配慮(維持管理の容易性)】:高いメンテナンス性を備えたシステム配管仕様を採用。

【温熱環境(断熱性・省エネルギー性)】:省エネ・省資源に貢献する最新の省エネルギー基準に対応する断熱仕様・設備仕様を採用。

【空気環境(健康・化学物質対策)】:有害物質の放出を最小限に抑えた内装材、室内の空気をクリーンに保つ換気システムを採用。

表示性能		等級				
1 構造の安定	耐震等級(構造躯体の倒壊等防止)	1	2	3		
	耐震等級(構造躯体の損傷防止)	1	2	3		
	その他(地震に対する構造躯体の倒壊等防止及び損傷防止)	「免震建築物」であるか否かを表示				
	耐風等級(構造躯体の倒壊等防止及び損傷防止)	1	2			
	地盤又は杭の許容支持力等及びその設定方法	許容支持力等・設定方法を記載				
	基礎の構造方法及び形式等	構造方法・形式等を記載				
3 劣化の軽減	劣化対策等級(構造躯体等)	1	2	3※1		
4 維持管理・更新への配慮	維持管理対策等級(専用配管)	1	2	3		
5 温熱環境・エネルギー消費量	断熱等性能等級※2	1	2	3	4※3	
	一次エネルギー消費量等級※2	1			4	5※3

積水ハウスの HP より「シャーウッド」の性能評価

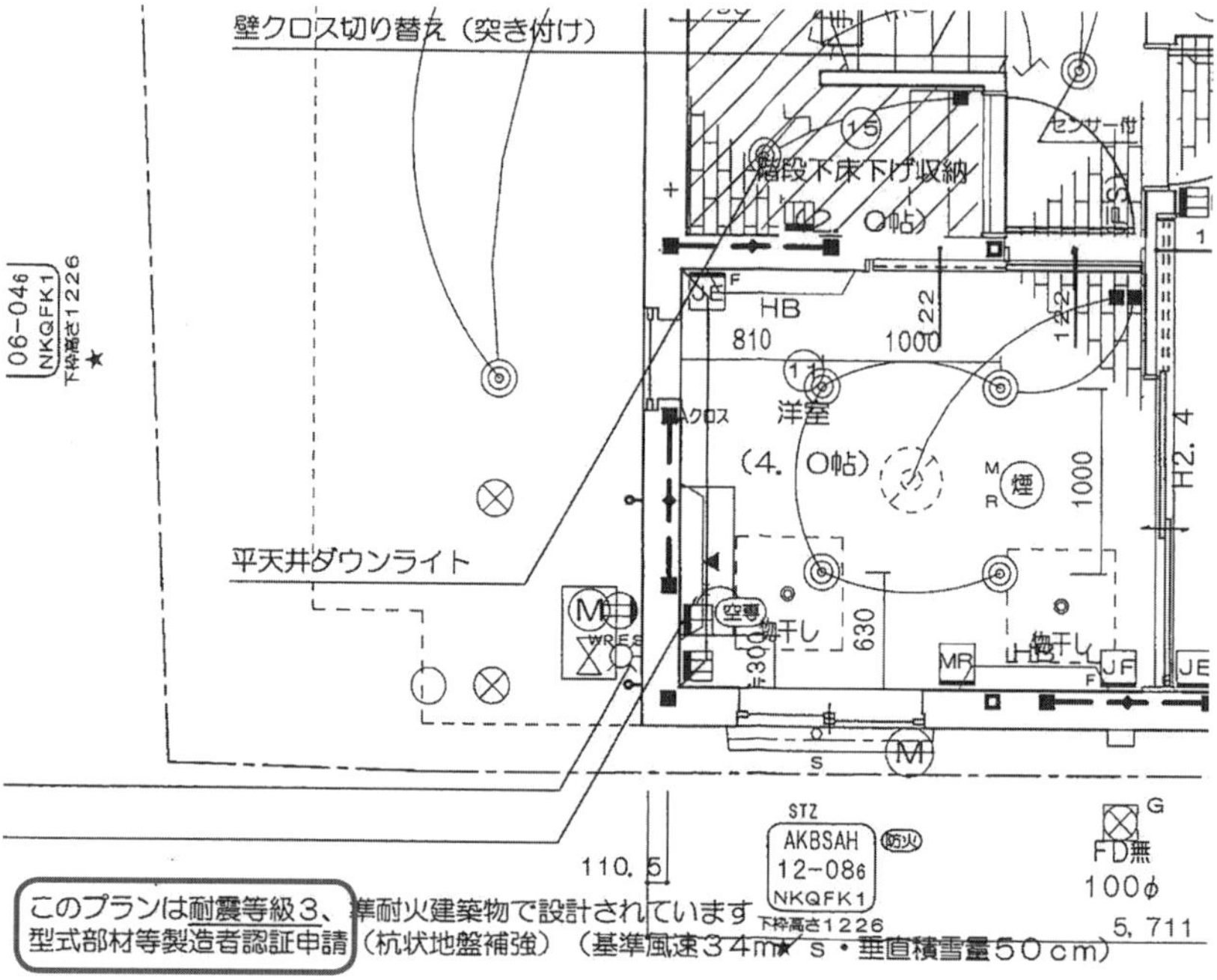

ヘーベルハウスの設計図書より

ちなみに、次表は過去に発生した未曽有の大地震（数百年に一度と想定されている程度）です。

「極めてまれ（数百年に一度）に起こる」と設定されている地震……本当に100年おきなのでしょうか？

過去に発生した未曽有の大地震		
1923年	関東地震 ※関東大震災	M7.9
1948年	福井地震	M7.1
1964年	新潟地震	M7.5
1968年	十勝沖地震	M7.9
1978年	宮城沖地震	M7.4
1983年	日本海中部地震	M7.7
1995年	兵庫県南部地震 ※阪神・淡路大震災	M7.3
2000年	鳥取西部地震	M7.3
2001年	芸予地震	M6.7
2003年	宮城県沖地震	M7.1
2003年	十勝沖地震	M8.0
2004年	新潟県中越地震	M6.8
2007年	能登半島地震	M6.9
2007年	新潟県中越沖地震	M6.8
2011年	東北地方太平洋沖地震 ※東日本大震災	M9.0

Q 耐震等級が高ければ、地震に強いんでしょうか?

A そうとは言い切れませんので、要注意です。

耐震等級とは、地震に対し家の性能を計算して「見える化」するというものですね。ですが、あくまでも構造設計者が計算によりはじき出す数値です。耐震等級が高いからそのまま「地震に強い!」と思わないことが大切です。

【写真1】は、電気業者が配線を通すルートがなく、構造の大事な「梁」にいくつもの穴をあけて電線を貫通させているものです。

このような状況では、せっかくの耐震等級も「砂上の楼閣」となってしまうのは言うまでもありませんね……。

さすがに写真のような悪意ある貫通は、年に数回しか見かけませんが、まずはきちんとした施工をして初めて計算通りの性能が担保される、ということを理解してください。

【写真2】と【写真3】は上棟検査時のものですが、よくよく見ると屋根の下地が釘1本で止まっている!? なんていう現場も目にします。

建物は耐震以外にも耐風、つまり風に対する検討が必要で、特に木造では耐風検討が非常に

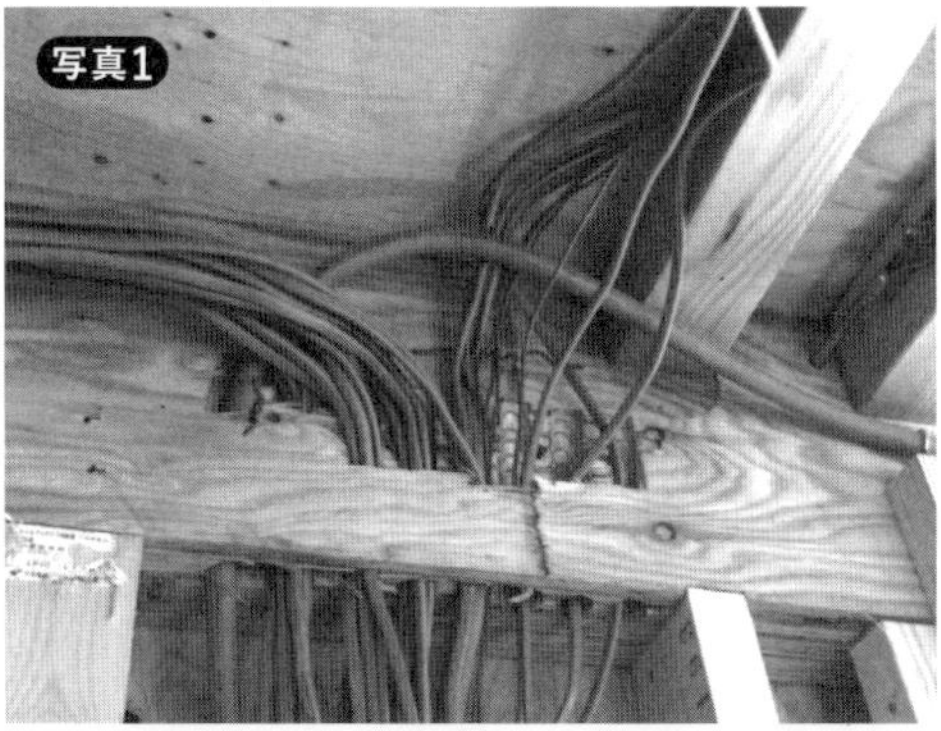
写真1

写真2

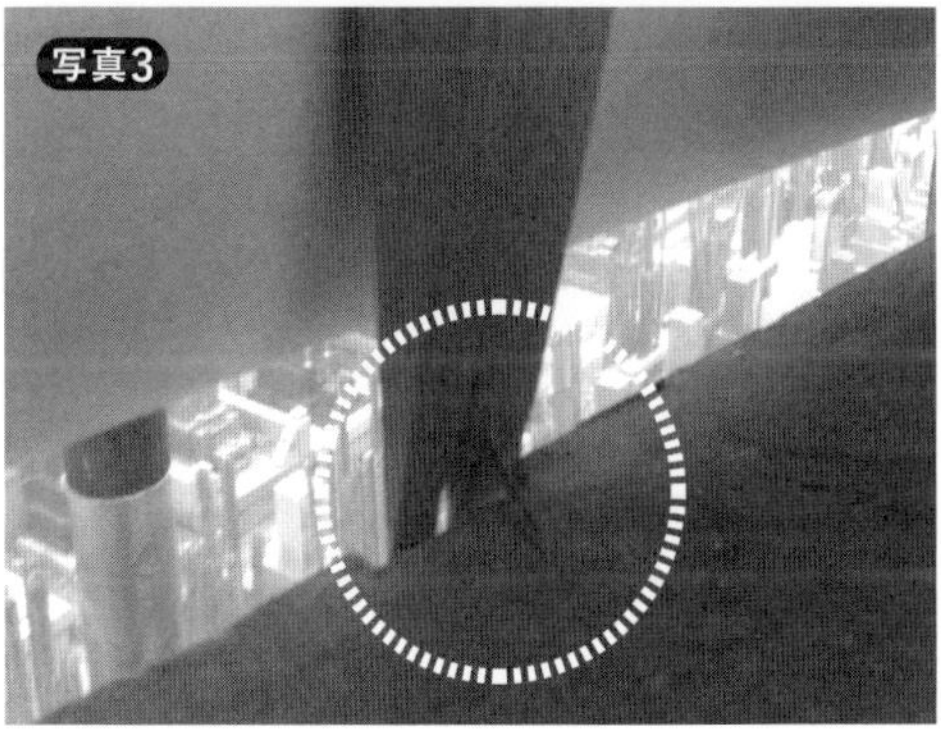
写真3

重要になります。

昨今では信じられないような暴風を伴う台風なども頻繁に発生していますから、こういった現場であれば、絶対に計算通りにはいかないと容易に想像できると思います。

Q 「4号特例」って聞いたんですが、どんな内容なんですか？

A 小規模な木造住宅は、設計者判断で安全を確かめれば済むという、とんでもない法律です。

有識者はみな口をそろえて発信していますが、日本の低層住宅には「4号特例」というとんでもない法律があります。これがそもそもの誤りなのです。

詳細な構造計算を実施しなくても、強い壁のバランスなどをもとに設計者判断で安全を確かめれば事足りてしまう。このような有様ですから、現場における構造に対する配慮や検討といった当たり前のスキルや意識が、いつまでたっても向上してこないんだと思います。

また、構造を考えるうえでは大前提として、「構造計画」と「構造計算」の違いがあります。後者の「構造計算」は、建築基準法に定められた計算を実施することですね。「構造計画」のほうは聞き慣れない言葉かと思います。

Q 「構造計画」ってどんなことをするんですか？

A 計算ではなく、構造架構（住宅の柱や梁、壁や床といったフレーム）をきれいに計画することです。

きれい（言い換えればロジカル）に架構を組んでいくことで、地震時の力が加わった際に、スムーズに力が伝達します。つまり揺れにくく、倒壊しにくいということになります。

安定したフレームかどうかを判断するひとつの目安には「直下率」というものがあります。

直下率とは、上下階の柱位置が合致している割合、また同様に壁位置が合致している割合です。仮に1階と2階のプランがまったく同じ2階建ての住宅であれば、直下率は１００％ということですね。

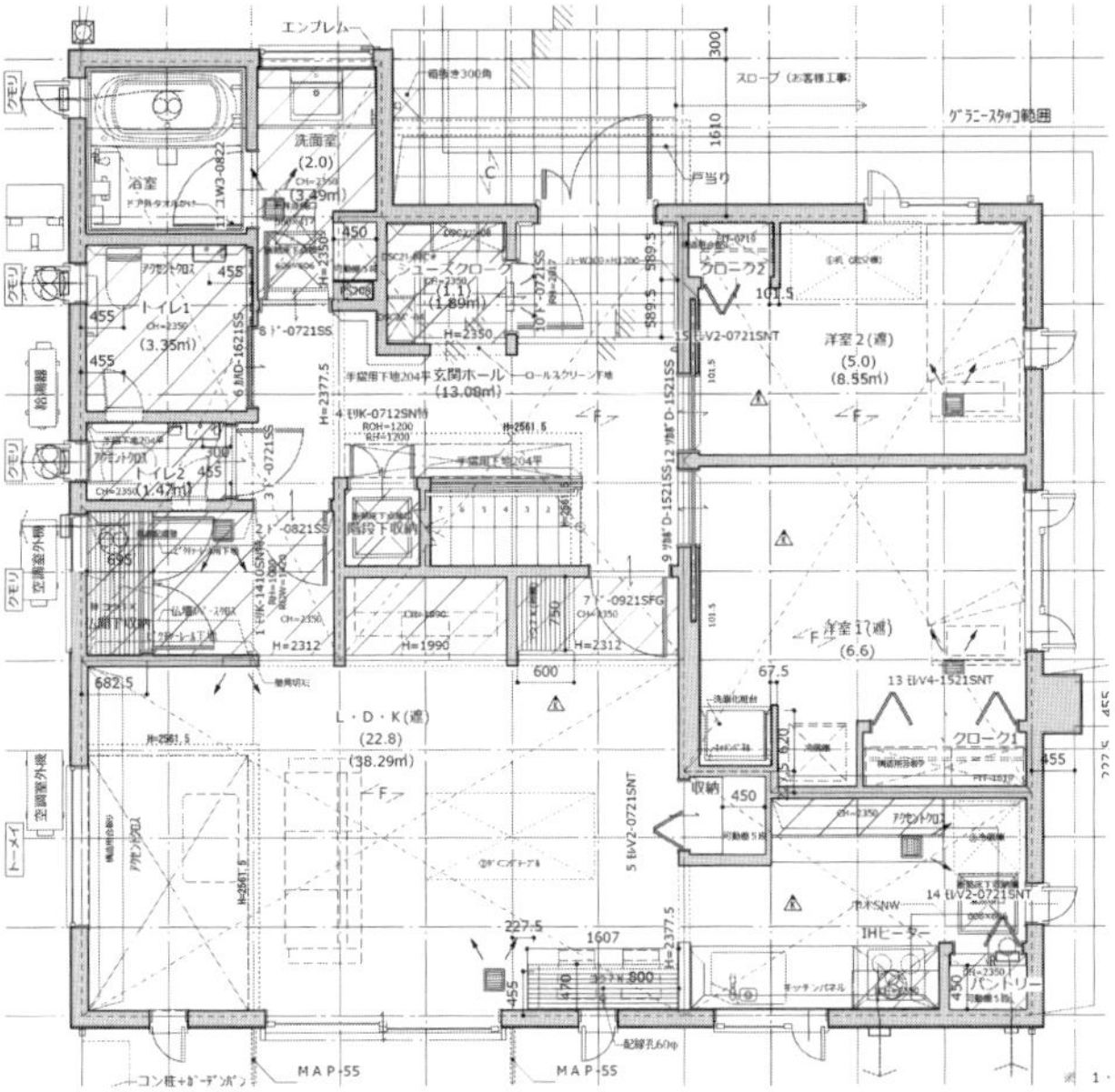

三井ホームのプラン

上の図面はツーバイメーカーの三井ホームのプランですが、直下率は60％以上です。

ツーバイは直下率が高めの、安定した架構プランができやすいです。

一方、住友林業のＢＦ（ビックフレーム）は、「梁勝ちラーメン」と謳われる工法を採用しています。

この工法は柱の位置を自由に移動できますから、メリットとしては「プラン自由度が高い」という

住友林業のBF（ビックフレーム）

ことになりますが、一方で直下率は下がってしまう傾向にあります。

どんなことにも言えますが、メリットとデメリットを理解したうえで、依頼する建築会社を決めたいですね。

ほかにも注意しておきたい構造計画の例としては、次のようなものがあります。

・耐力壁の配置
・狭小間口プラン
・変形矩形プラン（コの字、L字）

Q 構造計画は難しいですね。具体的な事例で教えてください。

A 「設計計画のなかで構造検討をしておかないと危ないですよ！」という事例はいくらでもありますよ（笑）。

たとえば、【図1】のような図面のプランは危険なのですが、ときどき見かける事例でもあります。

だからこそ、構造検討の内容や考え方の説明をきちんと受けてから契約をしないといけません。

まずは耐力壁の配置です。

耐力壁とは、地震時の水平力に抵抗するものです。

図1

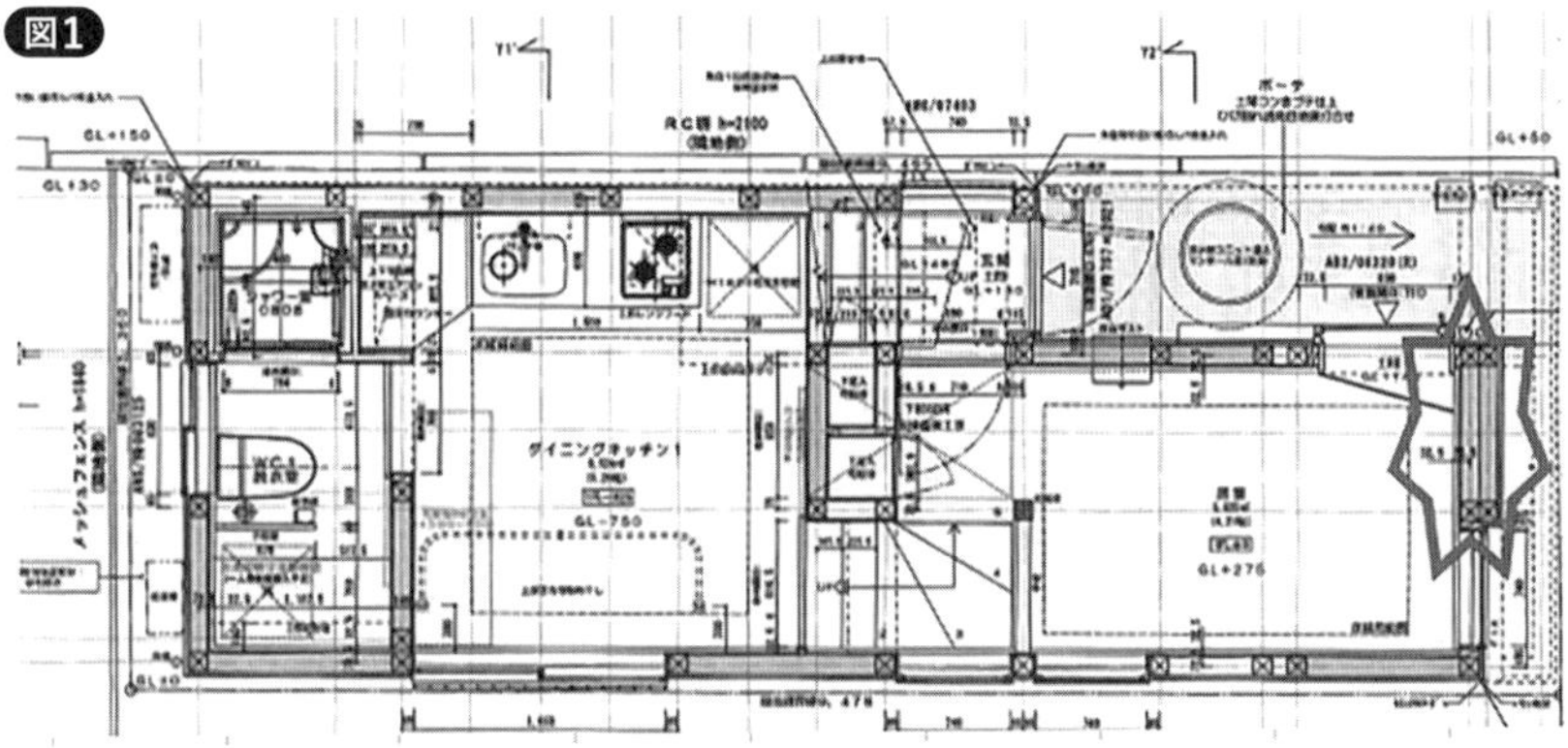

簡単に言えば、「強い壁」をX方向、Y方向に配置して、建物が変形しないようにするものです。

この壁配置を極端に計画しているプランをまれに見かけます。よくあるケースでは「狭小間口」での設計計画が該当しやすいですね。

このプランのように、短いスパン方向に耐力壁が計画しづらいので、壁の存在で間取りの自由度が低くなる部分に耐力壁をまとめて計画するプラン事例ですね。

このような耐力壁の配置は、構造計算上は成立はしていますが、建物重心とのバランスを考えたときに偏りがあるため、偏心（建物の質量の中心である「重心」と、強度の中心である「剛心」がどれくらい離れているかを示す数値）の確認が必要です。

同じように偏心検討が必要なプランが、次の【図2】のような変形矩形（コの字、L字）です。

図2

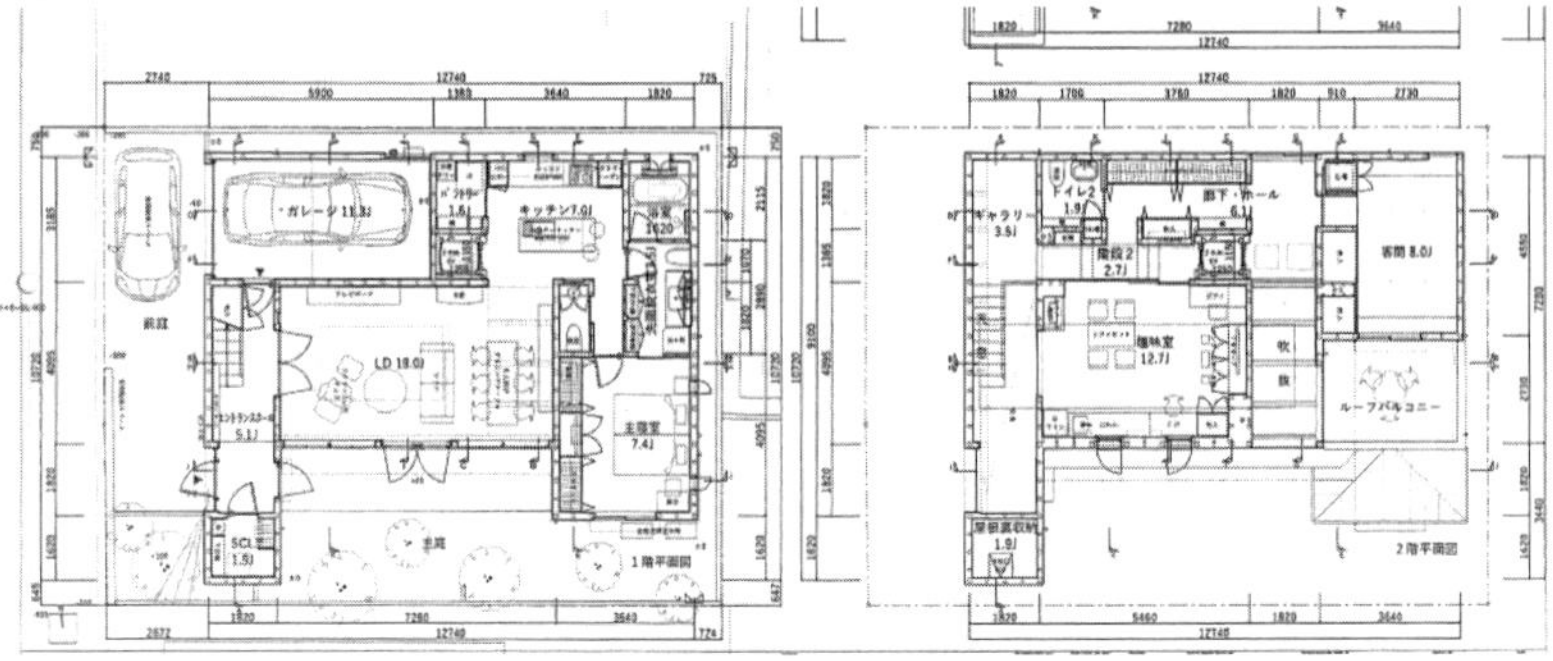

このような間取りも、バランスが悪いため注意が必要です。

また、構造フレームのバランスは平面だけの話ではありません。立面的な話でも当てはまります。

たとえば、セットバック（上階を下階より引っ込めた形）やオーバーハング（上階が下階よりせり出した形）しているプランですね。

これらもバランスが良くないため、構造検討が必須となります。

ほかには平面的な穴、【図3】のような吹き抜けやスキップフロアも力のかかり方を精査しなければなりません。

ここに紹介したようなプランはすべて危険だからやめたほうがいい、という話ではありません。そうであれば、画一的で似たような家しか建てられなくなります。

ただし、総2階のような安定した構造フレームとは言

図3

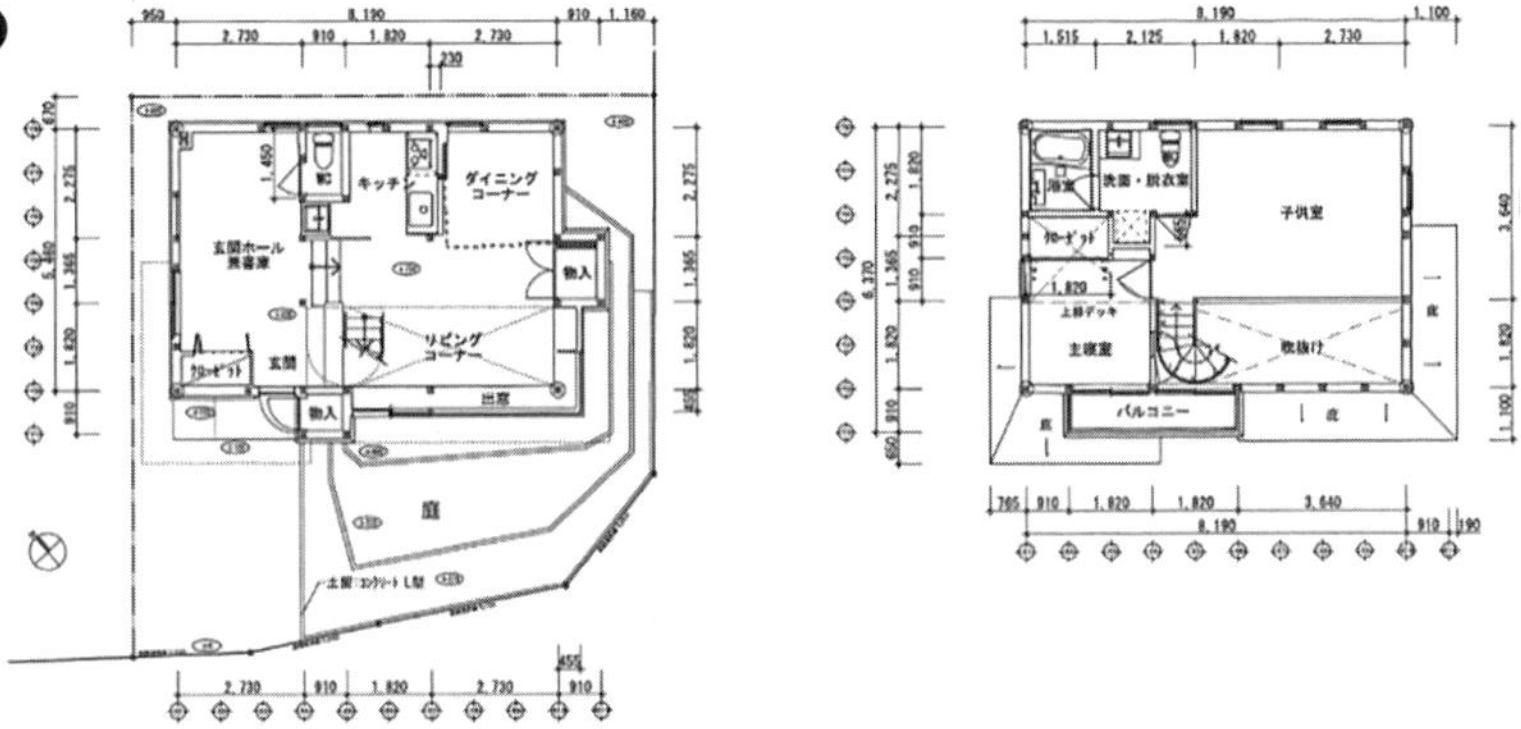

写真1

い切れないのは確かですから、構造検討を含め、何かしらの対策が必要になるのは間違いありません。

もちろん、計算だけでなく、きちんとした施工があって初めて計算通りの耐力が性能発揮されるのは言うまでもありません。【写真1】のような杜撰な工事（ナット締め忘れ）だと、いくら構造検討していても〝絵に描いた餅〟ですね。

「接合部の重要性」については、これまでの本の中でも口を酸っぱくして語ってきた通りです。

Q 断熱は気になりますが、実はどういう断熱がいいのかよくわからないのですが……。

A 各社がウリにしていますが、完璧な断熱材というものはありません。

現在、国が推奨している「いい家」とは、まずは「高耐震住宅」。そして、それと並んで「高気密・高断熱住宅」のことを言っているんですね。

高気密・高断熱、つまり「省エネ住宅がいいよ！」と国が言っているという理解でいいでしょう。

ですから各社競ってそこをウリにしたがりますし、皆さんも気になるところでしょうから、ちょっと詳しく説明しておきます。

よくある質問に、「断熱材は何がいいのでしょうか？」というものがあります。

普遍的にパーフェクトな断熱材があればいいのですが、材料自体が断トツの優位性を誇るものはありません。仮にそうであれば、全社同じ断熱材を選定していると思いますし……。

Q よく使われる断熱材にはどんなものがあるのでしょうか?

A 大手ハウスメーカーを例にして見てみましょう。

まずは、大手ハウスメーカーが採用している主な壁断熱の仕様を確認してみましょう。各社の断熱材がわかる現場写真を並べてみます。

積水ハウス（鉄骨系）

グラスウール

ダイワハウス(鉄骨系)

グラスウール

ヘーベルハウス（鉄骨系）

ネオマフォーム

パナソニックホームズ（鉄骨系）

ロックウール

積水ハウスのシャーウッド(木質系)

ロックウール

住友林業（木質系）

グラスウール

三井ホーム（木質系）

ロックウール

ミサワホーム（木質系）

グラスウール（パネル工法のため写真なし）

壁内断面図

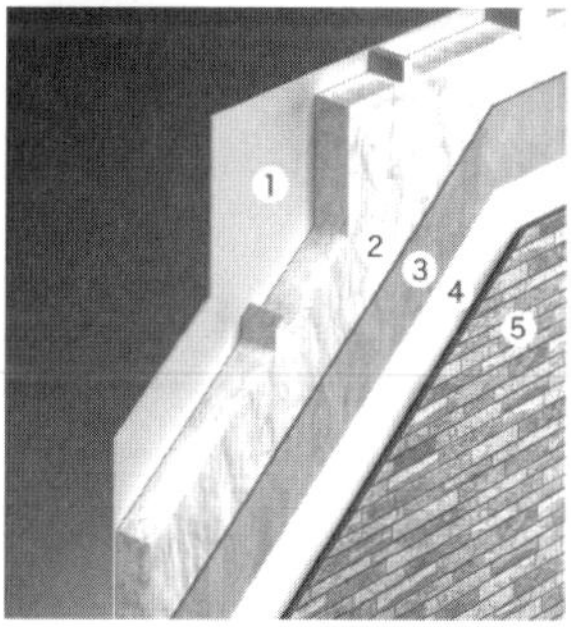

①石膏ボード ②高性能グラスウール ③構造用合板 ④透湿防水シート ⑤外壁材

ミサワホーム HP より

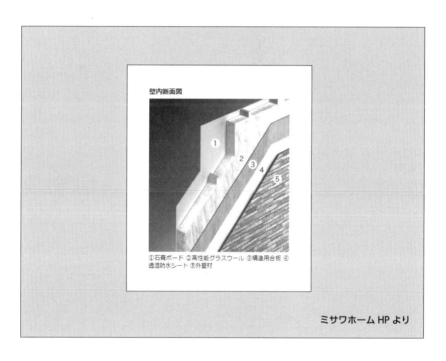

一条工務店（木質系）

ウレタンフォーム

住友不動産（木質系）

グラスウール

種類で言うと、グラスウールとロックウールが繊維系、ウレタンフォームとネオマフォームが発泡系になりますが、このように大手ハウスメーカーは圧倒的に繊維系の充填工法を採用しています。

これはコスト、工期、作業効率を考えたうえでのものだと理解できます。

Q 断熱性能は、断熱材で決まるのですか?

A 断熱材の性能もありますが、性能が発揮できなければ意味がありません。

断熱性能に関係する壁の熱抵抗値は、「材料の厚み」と「断熱材の性能(熱伝導率)」で決まりますから、基本的に断熱材性能の高い・低いはもちろん大切ですが、「厚みをきちんと確保しているか?」が重要なポイントになります。

特に、繊維系断熱材は中の空気量が断熱性能に直結します。

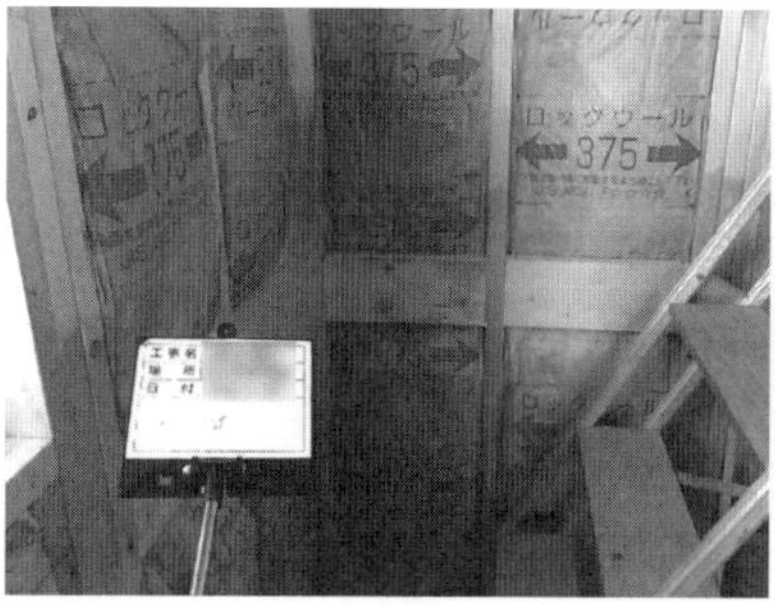

左写真のサーモ画像

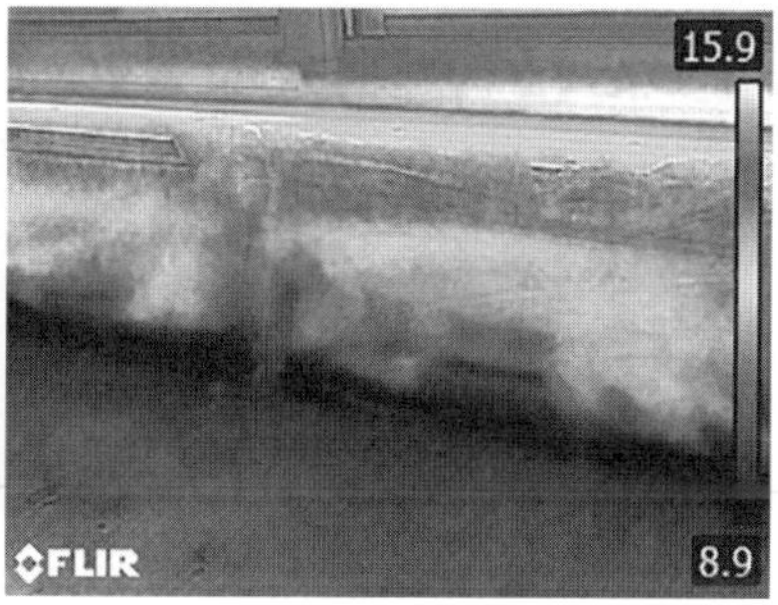

左写真のサーモ画像

図面上、厚みが確保されているから……ではなく、きちんとした厚みを現場で確保することが大切ですね。

上段2枚の写真は断熱材をつぶすように押し込んで施工しているため、断熱材の中に空気がほとんどない＝断熱性能がきちんと発揮できていない状況（サーモ画像の温度表示が室内適温より高い、または低いという状況）です。

また、下段2枚の写真のように、一見、断熱材が施工されているように見えて、実は内部がスカスカ……というのも当然、断熱性能は極端に低下します。

いくら材料が良くても、その性能

が発揮されなければ絵に描いた餅。材料選定以前に施工品質の良し悪しがとても重要なことなのです。

Q 断熱工事のチェックポイントを教えてください。

A 「隙間の有無」と「防湿層の連続確保」がポイントになります。

チェックポイントを話す前に、コスト、工期、作業効率を考慮すると、なぜ断熱材選定は繊維系の充填断熱工法になるのでしょうか？

一番の理由は、材料単価が安いから。これはまあ当然として、もうひとつの理由は、多くのハウスメーカーでは「断熱工事を大工が担当している」からです。

一般的に住宅の工事は専門職種に分けられていますから、断熱工事も断熱業者が施工することも考えられますが、職種が複数にまたがるとそれだけ工期が延びます。正確に言えば、工程管理が難しくなりバッファー（予備日）を取らざるを得なくなるのです。

大工工事が始まってから途中で断熱業者を投入するよりも、そのまま断熱工事も大工がやったほうが工事進捗はスムーズですし、結果として断熱施工の労務単価を大工にまとめて発注できますから、コストを抑える交渉が可能になるということですね。充填系の断熱工事は特別な道具を使うこともありませんから、それが可能ということです。

しかしながら、基本を正しく理解していない大工が断熱工事にあたることもありますから、この場合は現場検査で指摘が多くなるという当たり前の現象が起きてしまいます。

ここで、皆さんでもある程度でき

る断熱工事のチェックポイントを伝授します。

注意事項

＜ホームマットの隙間・たるみ＞

悪い例

マットとはり・柱間にすき間なく、表面にたるみができないように留め付けてください。

＜ホームマットの留め付け＞

悪い例

シート耳は柱の側部ではなく、見付面に留め付けてください。

ニチアスHPより

断熱工事の基本として、原理原則の2項目が挙げられます。

①断熱材を隙間なく充填すること

②防湿層を連続させること

この2つが重要であり、指摘が多いのも事実です。

断熱材メーカーの大手、ニチアスのHPにも上記の説明があります。

隙間がないように施工をしないと、せっかくの断熱材も「壁」としての断熱性能は著しく低下してしまいます。

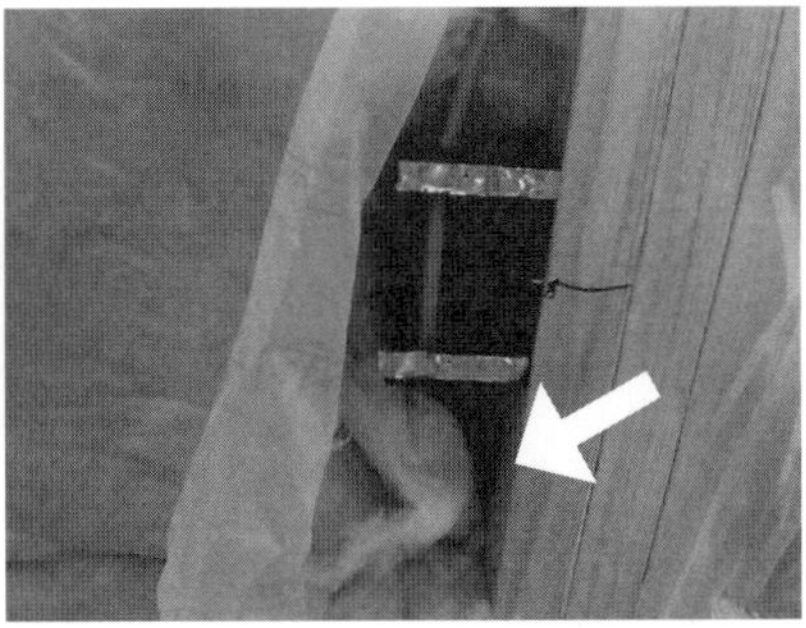

上の写真のように、特にコンセントBOX周りなどは隙間が発生しやすいので要注意ですね。

(1) 防湿フィルム付グラスウールの場合

〔 アクリアネクストの防湿フィルムは、防湿・気密層になります 〕

• グラスウールを柱・間柱間に隙間なく施工し、防湿フィルムを柱・間柱、梁・胴差の見付け面に重ねて止めます。

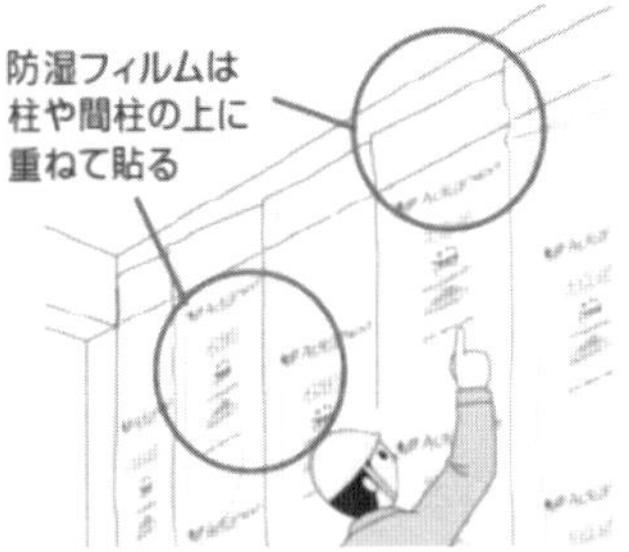

旭ファイバーグラスHPより

防湿フィルムを貼ったところ

また、特に充填系の断熱材は湿気に弱いですから、防湿層を連続させる（前ページ下段の写真、図参照）ことが重要です。

現場で断熱工事が完了したら、断熱材の中の空気の確保、隙間の有無、防湿層の連続がきちんと施工できているかどうか確認することをお勧めします。

Q 工務店ではどんな断熱材が主流ですか？

A 多くの工務店が発泡ウレタン断熱材を採用しているように思います。

その場合の施工は、発泡ウレタン材を吹きつけ、現場発泡させることにより、極力隙間をなくすという考え方がベースです。

それでも吹きムラによる厚み不足などは散見されますが、「専門職」である断熱業者が施工をするので、施工指導や取り決めをしっかりしている工務店なら、施工自体は大きな問題は少

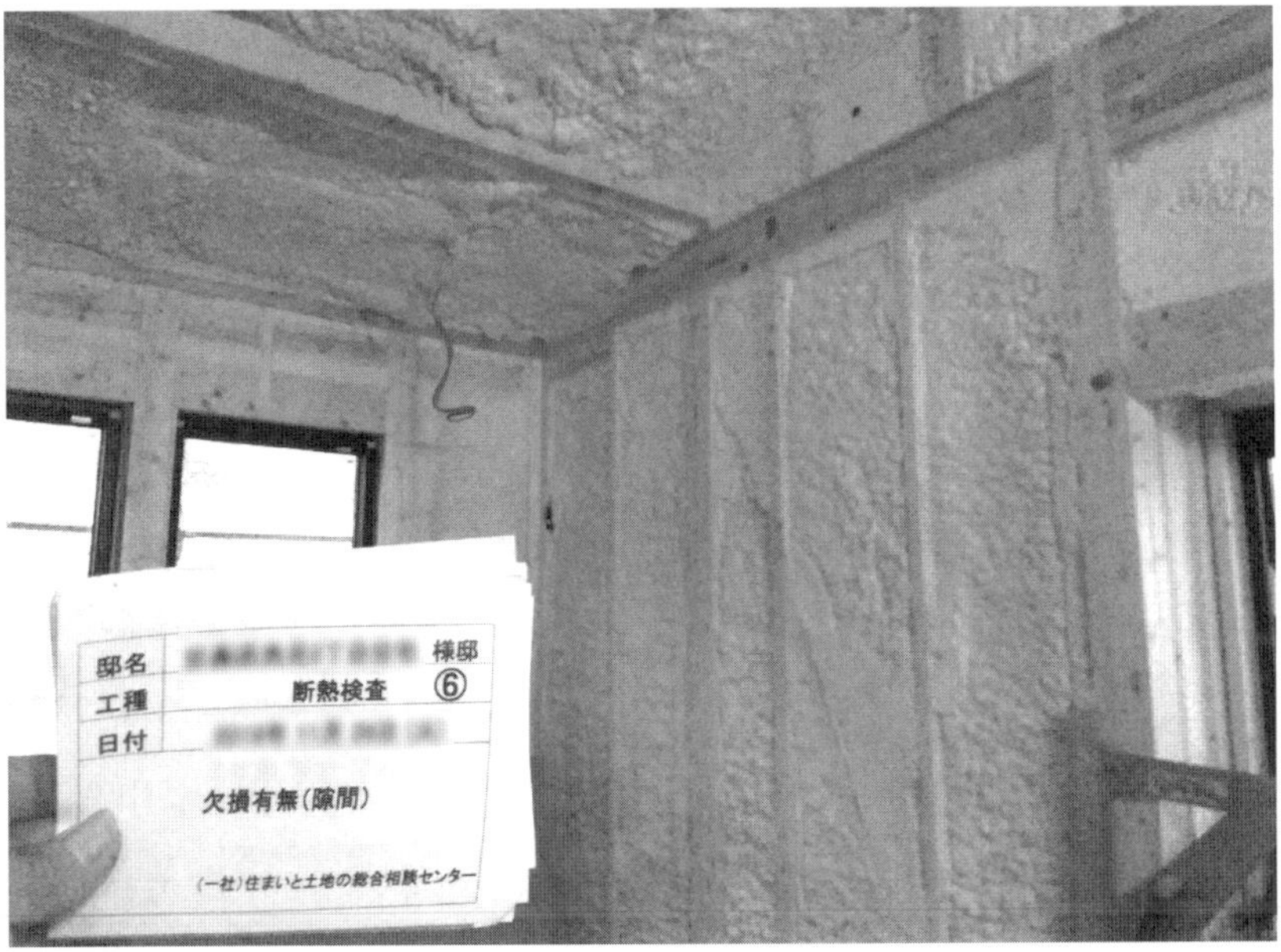

ないように思います（そうでない場合には結構指摘は多いですが……）。

ただし、断熱材の透湿抵抗や配管周りの断熱材による電線放熱の不具合など問題はありますので、きちんと安全を検討・確認したうえで断熱工事を実施しているかどうかは要確認です。

単に断熱の目安となるQ値や断熱材料の性能、あるいは気密の目安となるC値だけを気にするのではなく、「施工でどのような点を注意しているか？」「施工管理をどうやっているか？」「なぜその断熱材を選択したのか？」といった部分まで深掘りして質問したうえで、納得する説明をしてくれる工務店を選ぶのがいいと思います。

Chapter 4

座談会
――工務店の社長さんに聞く！

座談会

工務店の社長さんに聞く！
「これからの工務店はこうありたい！」

出席者

■林 孝志
「華建築 株式会社」社長（滋賀県近江八幡市）

■遠藤真二
「ハウスクラフト株式会社」社長（三重県三重郡菰野町）

■清水宏剛
「株式会社 丸清」社長（東京都東村山市）

■市村 博
「住まいと土地の総合相談センター」顧問理事・ホームインスペクター

■市村 崇
「住まいと土地の総合相談センター」代表理事・ホームインスペクター

それぞれの歴史と現状

林 滋賀県近江八幡市で華建築という会社をやっております林です。

うちの会社は近江八幡市とその北にある彦根市の2拠点に営業所を構え、今、分譲地に単独のモデルハウスを、近江八幡に1カ所、彦根に2カ所、さらにこの2月に長浜市にもつくりました。総合展示場のも合わせると5カ所のモデルハウスを展開しています。

従業員は現在24名ですが、うちの会社は男性8名に対して女性16名、昨年も4名の新入社員が全員女性と、女性主体の建築会社です。なぜかと言いますと、女性のほうが共感・共有の力が高いと思っているからです。

今は注文住宅一本で、年間36棟くらいをやらせていただいていますが、今年(19年)は今のところ1棟平均が2700万円弱くらいです。

遠藤社長はお父さんが大工さん、清水社長はもともと材木屋さんと、お二人とも住宅関係の仕事をされていた家だと伺いましたが、私の場合、父親は家づくりとまったく関係ない仕事で、この会社は私が創業して14期目を迎えます。

どうして住宅業界に興味を持ったのかと言いますと、高校2年のときに実家が土間とか前栽のある昔の家を建て替えたんです。ただ、建て替えた家も昔からあるいわゆる「田の字」の佇まいの家。当時すでにハウスメーカーもあったと思いますが、田舎だったのでそういう家ばかりでした。

もちろん、あれはあれで日本建築の良さを持っているんですが、住む人にとってはすごく使い勝手が悪いんですね。旅館でもないのに2階の南と東の日当たりのいい部屋がいつも空いていて、冠婚葬祭のときに飲んだ人が寝られるような和室があるんですよ。毎日住んでいるきょうだい3人の子供部屋は北と西ですから、なぜ、こんなに使い勝手の悪い家で生活しなければならないんだと。それがきっかけで、そんな住宅業界を変えていきたいと思うようになったんです。

23歳でこの業界に飛び込んで、40歳でこの会社を創業するんですが、その間、3社を渡り歩きました。1社目は滋賀県でも1、2番の工務店で、そこはハウスメーカーのフランチャイズ(FC)代理店でもあり、注文住宅やアパートもやっていました。私のスタートはそこでFC加盟店としての営業で、3年目には責任者もやらせていただきました。

２社目は完全な地場の工務店で注文住宅をやり、３社目は完全にＦＣでのみやっている会社。ＦＣやメーカーの内情はある程度わかっていますから、言っていいか悪いかわからないようなことも少しお話できるかもしれません（笑）。

その17年の間に感じたのは、顧客満足が一番と言っているけれど、どこの会社も儲けることだけが目的、そして売るのがその手段だったということ。そういう経営方針が自分の考えに合わなかったので、これはもう自分でやるしかないということになって、２００５年に独立したわけです。今は「感動の家づくり日本一」というものを目指していろんな取り組みをさせていただいています。

市村崇　今話が出ましたが、三重県の菰野町というところでハウスクラフトという会社をやっておられる遠藤さんは、お父さんの代からの工務店ですね。

遠藤　そうです。菰野町の遠藤建築という大工工務店の２代目として生まれまして、高校を卒業してからは12年間、大工の修業をしました。その後、ある住宅会社に２年半いたんですが、会社の方針によって建てる家が決まってくるということがあって、自

分の思う家づくりをしようと思ってもなかなかそれができない。お客さんのほうを見て家づくりをすることができない。それをやろうと思ったら自分で会社をつくるしかないなと思ったわけです。

ハウスクラフトという名前は、文字通り「家をつくる」ということで、家をつくるということをいかに真剣にやっていくかという思いでつけました。

最初は全部自分でやろうと、代表取締役兼棟梁みたいな感じで、土日はお客さんとの打ち合わせ、平日は現場作業をしていました。12期目の今は社員が40名ほどいますが、最初は1人でした。

オフィスは菰野町ですが、モデルハウスは津市と明和町の総合展示場に、あと鈴鹿にスタジオ、インテリア雑貨のショールームも含めると5拠点で展開させていただき、今はだいたい年間70棟ぐらいやらせていただいています。

崇　清水さんは、東京都の東村山市で丸清さんという工務店をされています。

清水　うちは皆さんより規模が小さくて、せいぜい年間30棟くらいの工務店ですが、歴史だけは長くて40期を迎えました。

先ほど林さんのお話に出ましたが、うちはそもそもが材木屋で、スタートは製材工場でした。静岡県の天竜川が通る佐久間町というところで、私が生まれる前（1953年＝昭和28年）に父が創業したので、65年ほどの歴史があります。62年に丸清材木店東京販売所を設立し、80年からは株式会社丸清として40年近く、細く長くこれまでやってきました。

最初は分譲の建売住宅を手がけていたんです。90年代までは工務店も多くて忙しく、利益も出たいい時代でした。30年前にバブルがはじけてからは厳しい時代に入るわけですが、私は材木の営業をやっていましたから、地域の工務店さんの話を聞く機会が多かったんです。そうすると、家づくりに対する考え方をあまり持ち合わせていなかった。地元の農家の人たちが建てる家なので、檜の土台を入れたほうがいいでしょうと提案するんですが、あまり反応がよろしくない。「いや〜、あそこはケチだから」と、安い木材を入れたがるわけです。

そんな状況ではこの先どうなるんだろう、せめてうちはもっと家づくりを本格的にやっていかなければいけないと思ったのがその頃です。それで10年ほど前から注文住宅もやっていこうとなったので、注文住宅の歴史は皆さんよりも短いです。

民法改正の影響と対策

崇　工務店さんは今、先行きにいろんな不安を抱えている状況だと思います。2020年に直面する民法改正という大きな問題もあります。百何十年も変わっていなかった法律がこの4月から変わる。これによって、工務店さんの明暗がかなり分かれていく可能性が高いと。
市村博　その可能性はかなり高いでしょうね。
崇　そうでなくても、たとえば最近、埼玉県で200棟くらいやっていた工務店さんが急に潰れて、ちょうどそこで建てている途中の人もいて、どうしようという問題が起こりました。そのときに丸清さんに途中から引き継いでいただいたこともありました。

ですから、これから工務店はどう進んでいくべきかということを話し合っていきたいと思うのですが、まず、民法改正の内容を読者の皆さんに説明しておきますと、今度の民法改正でハウスメーカーや工務店さんに大きな影響を及ぼすと考えられるのは、これまで「瑕疵《かし》担保責任」という表現で曖昧にされてきたものが「契約不適合責任」という言い回しに変わることです。

簡単に言えば、「こういう内容で住宅をつくって引き渡します」と契約した以上、完成した家に瑕疵・不具合が生じた場合、それは「契約不適合」であるから、建主は売主に対してその責任をより明確に問うことができるようになったということです。

これによって、売主はさらに契約解除が可能となった。あるいは損害賠償という形で対応していたものが、場合によっては契約の完全履行を求め（追完請求）、それができない場合はお金で補償させる（代金減額請求）。極端な話、「全額返せ」ということもありうる買主保護の姿勢が強く打ち出されたわけですが、これに対し準備はされていますか？

林 準備はしています。契約・約款に関することと、業者さん、職人さんへの周知徹底はやっていますね。

崇 職人さん、業者さんは言われないと、「えっ？何のこと？」みたいな感じなんですか。

林 そうですね。私たちのほうから言わないと情報も少ないですし、意識も高まっていかないですよね。

崇 どんなリアクションがありますか？

林 もちろん、これまで以上に意識を高めて家づくりをしなければいけないという空気になりますし、そこはうちはチームで家づくりをやっていますから、共有はしやすいです。

遠藤 うちもこれを機に勉強会もしていますし、そもそも月に一度業者会のようなものがあって、何か問題があればどうやって解決していくかを話し合ったりはしていますから、民法改正に関しても話し合いはしています。

そのときに、それに対して僕らはどう対応していくかという覚悟を示すことがすごく必要なことで、そういうポリシーを懇々と伝えていくことと、技術的なことに関してはこういうふうに守っていかなければいけないということはやっています。

民法改正があるからという話ではなくて、そもそも僕らがつくらなければならないものは何か、という話をしています。民法改正以前の問題を考えて、何を守っていかなければいけないのかを考えていけば基本的に解決するものばかりなので、そこに力を入れはじめたところです。お客さんの意識も変わってきているのがわかってきたので、対策は進んでいるんじゃないかと思っています。

ハウスクラフト 遠藤社長

崇　清水さんのところは材料も卸すところからやっているわけですから、そういうところの契約書なんかも見直さなければいけないですよね。

清水　そうですね。ただ、お二人と比べるとうちはまだ準備不足かと思いますが、いろんな勉強会に参加したり、業者との協力会もありまして、現場をやってくれる業者とも詰めて共有していかなければいけないと思っています。

うちは産地での木材調達から家づくりまで一貫体制でやっているのが特徴なんですが、木材の品質管理をやってはいるつもりなんですが、現場からはいろんな声が聞こえてきますから、これを機にもっと精度を高めていかなければと思っています。そのためには設備投資も必要なんですが、ちょっとしたことでも1000万円以上かかったりして、今後の生産性を考えると勇気がいりますね。

FCメーカーの裏側

崇　皆さん、この厳しい状況のなかでいろいろ考えてやっていらっしゃるのはよくわかります。そういう状況も踏まえたうえで、ちょっと視点を変えまして、工務店で家を建てるというのはどういうことかということを話してみたいのですが。

というのは、僕らはわかりますけど、消費者の皆さんは工務店と言われてもよくわからないところがある。ハウスメーカーの家を施工しているのも工務店ですし、フランチャイズ（FC）展開しているメーカーに加盟しているのも工務店。つまり自社で注文を受けている工務店もあれば、大手の下請けのような形の工務店もある。そのへんの違いが世の中にきちんと伝わっていかないのがひとつ問題だなと思っています。そこで、さっき林さんの話に出たFC加盟店のお話をお聞きしたいのですが、その場合、どんなふうに家づくりが進んでいくんですか。

林　FCというのはコンビニなどと同じで、本部と加盟店とから成っています。加盟店は本部に加盟金を支払うんですが、私がいた工務店は年間●00万円を払っていました。それによって一定エリア、たとえば20万人のテリトリーで広告・宣伝を打つ権利をもらうわけです。

私がいた工務店では月数十万円のロイヤリティー、そして受注1棟に対し、上棟時にロイヤリティーが発生します。棟数によって違いますが最低●%ぐらい。その代わり、本部のほうからは開発した商品やそのマニュアルを提供してもらえるわけです。

FC店はメーカーと工務店が一体化することをメリットとして打ち出していますし、確かに本部にお金が集まり、広告宣伝にお金が使えるので、認知度が高まる。つまり地域密着であり、ブランド力も高いということを言うわけです。

ただ、FCに加盟しているところが全部工務店かというと違うんです。サッシの代理店とか材木屋なども加盟している。ですから、地域密着の工務店だけがFC加盟店かというと、そうとばかりは言えない。

家を売っているだけの世界

林　先ほどお話ししたように、私は最初、FC加盟の工務店に入って営業をやりました。最初に本部のほうから言われたのは、「お客さんのニーズを聞かないでください」ということ。それをやるとコストが高くなりますから。我々の使命はあまりお金がない人でも家を建てられるということだと。

　そうなると、知識がある人ほどお客さんのニーズを聞いてしまうので、素人のほうが売れる。他社との競合に勝てるわけです。ブランド力がありますから、家づくりの知識がなくても販売できる、いや、むしろないほうがいい。ある意味、それが強みですね。

　加盟店の営業がプランも見積りもやる。この見積りの利益率を変えられるんです。同じブランドのFC店なら同じ値段という建前ですが、営業段階で見積りを変え、値引きして仕事をとる、みたいなことが今でも横行しています。これは今、FCで営業をしている人が言っていました。

崇　たとえば23歳とかで入った知識も何もない新入社員が、本部がつくった教科書みたいなものを使うだけで売れるんですか？

林　売れますね。ほとんどが規格品で、お客さんの土地に合うプラン集があって、もちろん予算がありますから資金計画をして、それに合ったプランを出す。契約まで普通に1週間でやりますね。

博　パソコンを売るようなものだね。このお客さんはノートがいいかデスクトップがいいかみたいな知識さえあれば、「お客様の条件ならこちらでいかがでしょう」とやって売れてしまうという。

林 ただ、私がFCをやっていた頃と比べると、今は加盟店の数が少し減っていますね。やはり力のある工務店さんは月数十万円払うのが嫌になって脱退していきますから。

それと私の経験で言うと、FC本部は大量発注・大量仕入れだから、部材を安く仕入れられますよと言うわけですが、FCに加盟して○○ホームと名乗る工務店さんと、自前でビルダーをやっている工務店と比べたら、ビルダーのほうが仕入れが安かったんです。

博 そうなんですよね。

林 だから、FCをやっていた頃に本部と加盟店が集まる場があって、そこである工務店の社長さんが言ったんです。「大量発注・大量仕入れでコストダウンできますと言っているのに、普通の工務店のほうがサッシや建材の仕入れが安いのはおかしい」と。そうしたら、それなら……というわけです。

一同 (大笑)

博 それは全国規模のFCですか?

林 そうです、全国有数の……。

遠藤 ××ホーム?(笑)

崇 そういう裏事情は、家を建てる、いや買う側の人はわからないですもんね。

博 家を建てるか、家を買うか。これは大きな違いがあって、FCの場合は家を建てるのではなく、売っているだけだと思うんですよ。家づくりじゃなくて、家の売り買いしかないわけでしょう。

林 そうです。販売窓口みたいなもので、とりあえず売ればいいということです。

清水 そうか、顧客満足ではないと。

遠藤 お客さんの側もそれをよしとするというか、家を「建てる」から「買う」というところにシフトしてきているんですよね。

博 今、「東京に家がほしい」みたいなキャッチフレーズの会社が東京エリアでは日の出の勢いで伸びていますが、あそこなんかはまさしくそう。家を買いたいという人を集めて家を売っているだけ。つくってはいません。

理念を共有しないといい家はできない

崇　FC工務店の実態はよくわかりましたが、工務店と言うと一般の消費者も「家をつくっている」会社というイメージはありますよね。

林　工務店のイメージは、まず地域密着ですね。それから、お客さんと職人さん、業者さんがわいわいやりながらワンチームで、お客さんのニーズやライフスタイルに合った家づくりを一緒にやっているというのがありますよね。

崇　華建築さんは共感とか共有といったことを重視して女性を採用しているとおっしゃっていましたが、それはやはり大事なことですか。

林　これは自分が経験したことを反面教師にしたからなんですが、本当の理想の家づくりとはどういうものかと考えたときに、やはり理念が大切だなと。うちの場合、感動を提供します、感謝の心をもって、夢や喜び、そして理念に共感し、理念を共有できるチームメンバーと仕事をしないと、そういう家づくりはできないということなんです。

で、チームって誰なのかというと、我々スタッフ、協力業者・職人さん、お客さん。この三者が理念を共有・共感して臨まないといい家はできない。だから、どんなに優秀な人材がいたとしても、あるいはどれほど予算を持っているお客さんがいたとしても、うちの理念と違ったらチームとしての家づくりはできない。その場合はやらないということは徹底しています。

崇　華建築さんで建てた方からの紹介は何パーセン

トくらいですか？

林　50％ぐらいですね。目標は80％ですが。

博　50％でもすごいですよ。紹介をもらうために何かやっていますか？

林　感謝祭とかそういうものはありますが、紹介をくださいということは言わないですね。

博　やっぱり理念がブレないで継続してやっているからでしょうね。

崇　途中でブレることはなかったんですか？

林　ないですね。先ほど言った理念は自分たちの心臓部、命みたいなものなので、そこがブレてしまうと、たぶん淘汰される。どんな時代になってもそこがブレなければ生き残っていけるんだろうと思っています。

華建築 林社長

だから、私たちの目的は会社の理念の実現にあるわけですが、一方に売ること、数字を上げることが目的の会社もある。そこが違いですよね。

ローコスト住宅をどう考える？

崇　うちに来られるお客さんからよくいただく質問で、ローコストビルダーとかFCといったところは坪単価が異常に安いと。それはなぜかということなんですが、僕らが普通に考えると、ああいうローコストでやるにはやっぱりどこかにシワ寄せがないと無理だろうと思うのですが、そのへんはどうですか。

林　やっぱり安いには安いなりの理由がありますよね。

崇　皆さんの会社だと、あんな安い金額で家を建てられないじゃないですか。

林　ＦＣに入っておられる工務店さんは、力がないのでＦＣのブランド力を借りたいと加盟するわけですが、力がついたら抜けていく。それは、そのほうが安く建てられるということですよね。ＦＣ会社が建てているのと同じ仕様のものでも、もっと安く建てられると思うんです。先ほど言ったように仕入れも安くできますし、本部へのロイヤリティーもないわけですから。

清水　ロイヤリティーは結局、お客さんが負担しているわけですもんね。

博　月数十万円ということは年間●００万円弱、それに一棟あたりのロイヤリティーもあるわけですよね。

林　そうです。以前は物件ごとのロイヤリティーをもっと取っていました。本部の売上が一番大きいのは資材だと思います。

清水　資材も木材だけではないですからね。

林　本部には加盟工務店のランキングがあるんですよ。それは資材の何％、本部を通しているか。本部を通せば通すほど安くなる仕組みで、そうするように仕向けているんです。

崇　なかなか聞けない話ですね（笑）。

清水　私は土地を仕入れて家を建ててという、いわゆる建売住宅をかなりやっているんです。そのときに、東京にはＣＭで有名な大きな建売会社がありますよね。でも、そこと競合することは全然考えてないんです。

博　あそことは値段で勝負できないですからね。

清水　そうなんです。うちの場合、建売住宅にも天竜の木材をしっかり入れてやっていくという、そこは絶対に曲げないできたんです。ただ、できあがった家を買ってもらうときに、お客さんの側の優先順位が東京の場合はまず場所ですよね。世田谷や杉並に住みたいというのが強い。それからもちろん予算、それから利便性とくるわけです。

　そして、最後の最後に建物の仕様とか間取りとか、家そのものは最後の5％ぐらいしか見てくれない。そうするといくら「檜の柱を使ってます」と言っても建売ではそこを重視してくれないので、やっぱり建売は「家を売る」ということになっていってしまうのは仕方ない面もある。事業としてなかなか難しいところがありますね。

博　お話に出た某大手グループはフィールド自体が別なんですよ。うちのお客さんでもたまたま昨年、あそこで家を建てる人が来て話を聞きました。最後は私が出ていって営業担当といろんな不具合の話をしたんです。

そのとき相手は何と言ったと思います？「うちは土地を売っているんです。建物はおまけなんですよ」と。それを聞いてこれはもう噛み合わないと。

清水　あそこの物件を仲介している不動産会社に知り合いがいますが、その人も「あそこの建物を売るときは、お客さんに『家がついてくるんです』と言うみたいですから」と。

博　「10年はもちます」と言うんです。じゃあ10年たったらどうするの？というと、「10年後にお好きな工務店さんやハウスメーカーさんで建ててください」と（笑）。

あそこはすごい棟数をやっていて、建てた家を垂直に重ねると人工衛星まで届きます、日本一数をやっている会社ですと宣伝してますね。だから、そういう会社と皆さんはフィールドがまったく違うということ。それを好むお客さんは追っかけないほうがいいと思いますね。

遠藤　理念が全然違うわけですからね。

博　そっちはそっちで、どうぞやってくださいということですね。

木を伐採する人がいない林業の現状

崇　先ほど家づくりの材料の話が出ましたが、清水さんのところは材木を扱っていて林業と密接だと思います。ハウスメーカーで言うと住友林業もありますが、林業の実態は僕らもよくわからない。実際、どうなんでしょうか。

清水　産地に行くと森林組合の組合長さんや地元の製材業者が出資してつくったプレカット工場が浜松市天竜区にありますから、そこからいろんな情報が入ります。

　天竜には優秀な山が多くて木材のブランドになっています。最近、FSC（森林認証制度）といって第三者に認めてもらった森林をきちんと管理していく国際的な取り組みがあります。価値ある山林を違法伐採なんかで荒らされないようにということなんですが、エリアの90%が山林の天竜区の山林のうち50%が森林認証されています。

丸清 清水社長

　それはいいんですが、私が所有している山の木を伐採してもらおうと思っても困難な状況になってきています。やはり林業のプロが相当減っている。国が補助金を出して間伐や除伐をやり、森林を育てようとしても、伐採すると必ず植林しなければいけませんから、それを人に頼むと赤字になってしまう。だから間伐はやっても伐採はしない。なかには間伐の手も入らず荒れ放題の山もあります。

　うちの木材は原木市場から購入するのが半分、山を購入して伐採してもらうものが半分くらいですが、そうした事情もあってなかなか原木が入りにくくなっています。この先もっと困難になるのではないかと、すごく心配ですね。

　うちは木材産地からの一貫体制で家づくりをやっていきたい。その中でより品質の高いものを求めていくとなると山林の管理は大事なんですが、そういう心配は天竜だけではなく、尾鷲（三重県）や吉野（奈良県）、木曽（長野県）といった有名な木材の産地は同じだと思います。

崇　木材は輸入材が結構入ってきていますよね。

清水　いや、一時期より入りが悪くなっています。ロシアでも中国でも国内の需要が増えてきていますから。輸入材は安いという価格のメリットもなくなってきています。うちの娘夫婦が今ニュージーランドで住宅と木材関係をやっていますが、日本の杉を輸入したいと。以前は考えられなかったんですが、今はそれが可能なんですよ。国産材の自給率も上がってきています。

大工さんの育成問題

崇　林業のプロ、職人さんが減っているということですが、住宅業界のほうでも大工さんが減っているのが危惧されますよね。

清水　うちも参加していますが、メーカーや問屋さんが出資して「東京大工塾」という場をつくり、若い大工さんを育てようとしています。ただ、これも継続するのは簡単ではないなと感じています。

うちのように軸組工法で木の家を建てるには、大工さんがいなければできない。僕らも大工さんを集めて「匠の会」というのをやっていますが、若い大工さんを育成していくのは難しくなってきています。大工さんも工務店の社員になってもらって育てていくぐらいでないと難しい時代のような気がしています。

崇　遠藤さんもやはり大工さん不足を実感していますか?

遠藤　着工数が多い時期は慌てるときがありますね。ただ、大工さんの数がいないわけではない。大工さんに「あの工務店の仕事は嫌だ」と言われなければですが。

博　嫌だと言われる理由にはどんなものが？

遠藤　単純に厳しいとか安いとか。工期が短すぎる、賃金が安いとなればやりたくないですよね。

お客さんだけでなくつくり手側も満足できるかどうかが大事で、自分のやった仕事がどういうふうに生きているかが理解できて、仕事が楽しくなかったら続かないじゃないですか。

つくる側が満足できればできあがった家も品質が高い。そこはリンクすると思うので。それと、大工さんという仕事の未来が見えないと、なり手がいなくなると思います。だから社員化してあげることも必要でしょうし、「職人さんってこんなにカッコイイんだよ」といったものをプロモーションしてあげる。そうすると随分変わると思います。あとは体力仕事なので、年を取って体力がなくなったときにどうなるか。そのへんのキャリアプランもきちんと示してあげる。ベテランになったら若手の育成をしてもらって、最後は作業小屋で造作部材をつくる人になってもらえばいいのかなと。

ただ、それにはどういうスキルと年月が必要かまで考えなければならない。でも、そういうことまでやり切れない会社も多いでしょうし、僕らもまだそこにチャレンジしていく段階ですが、どうあるべきかを頭に描きながら進めていかないといけないと思っています。

博　ある大手ハウスメーカーが子会社をつくって社員大工の育成をやっているんですけど、高卒で入って23、24歳くらいで親方になっちゃうんですね。で、そこまではみんな仕事を面白がってやるんですけど、親方になって少し周りを見るようになり、「俺のやっている仕事は何なんだろう」と思って、辞めていく人が多いんです。

その会社は、現場で大工が腕を組むことを禁止しているんですね。余計なことを考えるなと。それが親方になって同世代の大工を見ると、「俺のほうが早く育ったと思っていたのにそうじゃなかった」と気づく。ただ自前の大工を確保すればいいという考えだとうまくいかないということですね。

遠藤　囲うだけだとダメですね。僕が大工を始めたのは19歳でしたが、25歳まで給料が5万円だったんです。でも覚えることが一杯ありましたから、それを吸収していくのが面白かった。そういう楽しめる環境、吸収できる環境が会社の中にあれば違いますよね。

博　それが一番大事ですよね。

デザインと品質のバランスをどう考える?

崇　ここで家づくりの具体的な話に移りたいのですが、遠藤さんにお聞きしたいのは、いわゆるデザイン住宅についてです。

ハウスクラフトさんの住宅はデザインが洗練されていて、そこがひとつのウリになっていると思いますが、デザインと品質の両立、あるいはコスト面のコントロールをどうお考えかと。もちろん単に見栄えがよければいいというわけではないですよね。

遠藤　もともとデザイン住宅をつくるぞと思って起業したわけではないんです。やっていく中で、カッコいいのとカッコ悪いのとどっちがいい?　と言ったら、それはカッコいいほうがいいと。でも、そこを研ぎ澄ませていくときに品質や性能にズレがあってはいけないと思うんですね。

デザインの部分だけ発信していった結果、居住性が悪いというのはなくしたい。そのバランスを保ちながらもデザイン性を重視しているのは、最終的な満足というのは住んでからの自己評価もあるけれど、他人の評価の部分がかなりあるということを思うからです。

つまり、他人からどうやって褒めてもらうか。それを考えると、他人の評価というのは「この家、カッコいいね。よかったね」という部分。人から褒めてもらえるものをつくる。デザインにこだわるのはそれが理由です。

　僕たちもそうですし、お客さんにとってもできあがった家が誇れるものであってほしい。僕らからすれば、できあがった家を見ていいねと思ってもらうことによって、お客さんが集まってきてくれる。その循環ができあがってきています。また、建築によって少しでも町並みを美しくしようというビジョンもありまして、極端に言えば、「ダサイ家は敵だ（笑）」という感じでやっています。

博　東京で言うと、世田谷区、大田区、渋谷区といった城南地区にデザイン住宅が多い。年齢で言うと20代、30代が中心ですね。50代以降はそんなの関係ないといった感じで、40代は50％くらいの関心度じゃないですかね。職業で言うと、IT関係で小金を持った人たちの関心が高いと思います。

遠藤　「今、カッコいい」ということだけを追求していると限界があると思います。そうではなくて40歳、50歳の人にとっても「この家、いいね」というもの。本当にいいものであれば、10年たったら嫌になったと言わせないと思うのですが、時代だけ追っていると言わせることになってしまうと思います。

博　まさにそう。そこを勘違いすると大変なことになります。

遠藤　僕らはビジュアル的な意味のデザインだけではなく、機能的なデザインというものを同時に考えています。そこが伴っていないと、軒がなくてすっきりしているけど雨が入るとかになってしまう。その両立をしたうえでコストが高くならないということですから、メーカーや販売店と、仕様や価格のルールを決めたりするなかでチャレンジしていくということだと思っています。

博　それを守っていけば絶対大丈夫。いろんな会社を見てきましたが、やはり工務店の経営者は自分の信念を曲げずにずっと継続していくことが、一番のポイント。一番いい結果につながると思います。

デザイン住宅の問題点

林　うちも最初はデザイン、機能性のどちらも同等に重視するという姿勢でやってきました。で、毎月、完成した家を訪問して感想を聞くと、最初の3カ月、4カ月くらいは「この感じにしてよかった」とデザインのことを言うんです。ところが、半年を過ぎたあたりからそれはおっしゃらなくなって、夏は涼しく、冬は暖かいみたいな使い勝手の話が多くなってくる。

それで、デザインは飽きてこられる方が多いのかな、性能や使い勝手を重視していかなければいけないなと少し比重を変えるようになったんですが、そのあたり、遠藤さんはどう感じていらっしゃいますか。

遠藤　デザイン住宅は余分な壁やドアをなくすということだけじゃなくて、収納までなくすんですね。そうなると物をどこにしまっていいのかわからなくなる。ですから、暮らしのあり方を想像した提案ができているかが大事で、余分なものは省くけど必要なものは省かないということでやっていますから、暮らしはじめてから問題になったことはありません。

ただ、20年、30年たったときに、暮らしのあり方のほうが変わってくる。それで家は3度建てなければという話になるので、最初から可変性を伴った設計にするとかは必要かなと思っています。

博　可変住宅って一時期流行ったんです。私が設計事務所をやっていたとき、東大のある教授から住宅設計の依頼があった。その先生はそのとき40代だったんですが、向こう30年間のライフスタイルの変化をシミュレーションしたシートをつくってきたんです。30年後に自分は70歳、奥さんは65歳、息子は何歳だと。それで、今はここはこうだけど、10年後にはここがこう変わるから、それに対応できるような設計にしてくれと。さらには20年後、30年後と10年ごとの変化に対応できる可変住宅にしてほしいということでした。

それで、ここにエレベーターを設置しておこうとか、将来細かいところを変えられるように大変な作業をやって完成したんです。それで10年後に訪問して聞いたら「変える気は毛頭ありません」と（笑）。

遠藤　子供部屋の間仕切りを将来どうするかとか、普通はその程度ですよね。

博　頭のいい人はそこまで考えてしまうんですね。結果としてはそこまでやる必要はなかったわけですが。

清水　時代にあったデザインというか、その時代の流行というのはあるじゃないですか。でも、私もやはり10年後にどうなのかということは考えていかなければいけないと思っています。

うちの場合、お客さんが結構勉強してくるんですね。それこそ市村先生の本を読んだり（笑）。そういう人たちはデザインは割と二の次だったりしますね。だから、うちでは本当にシンプルな家、もう少し何か必要なんじゃないかと思うぐらいシンプルな家づくりになっています。まあでも結果的には、5年先、10年先でも飽きない家がいいのかなと感じますよね。それと、やはり機能性はきちんとしていないとダメです。

博　東京の城南エリアのデザイン住宅というのは、設計事務所がやっているんですよ。僕に言わせれば、設計事務所は何も知らない人たちが図面を描いている世界なんです。

林　自己満足の世界ですよね。

博　そう。だから、そういうデザイナー的な建築家には頼まないほうがいいですよといつも言っているんです。

崇　雨漏りとか、本当に多いですからね。

博　メチャクチャですから。僕なんかたまに目の前で「こんなの図面じゃないよ」と言って破いてしまいますから。

遠藤　雨漏りの家といった根本的な問題が出るのはまずいですが、ちょっとこの窓はこっちについていたほうが美しく見えるといったときに、ちょっとした工夫でそうすることはできると思うんです。

博　デザイン住宅はきれいな外観パースをつくって見せるじゃないですか。すると、「ああ、いいね」と心がなびくわけですよ。ですからクライアントによく言うのは、「お宅の敷地の前面道路は何m？」と聞くんです。「4mです」と。「4m先からこのパースのようには見えませんよね」と言うと、ああそうかとなるわけですよ。

なぜ「7割が家づくりに失敗する」のか

崇　家を建てている皆さんにお聞きしたいのは、お客さんに「こういう失敗はしてほしくない」というのはありますか？

林　先ほど言いましたように、うちが今年（19年）総合展示場に出展した理由は、すでに家を建てた方から「もっと早く華建築さんを知っていたらよかった」みたいな声を聞くことがあるんです。結構いろんなところに看板を立てたりもしていたんですが、お客さんの初動はやはり展示場に行くことが多いんですね。

ただ、展示場ではどこも自社のいいことしか言わない。どのように家づくりを進めていったら満足する家ができますよ、といった情報をくれる会社は皆無に等しい。うちの場合、展示場に来ていただいた方には、デジアン（デジタルアンケート）と言ってiPadを使ってまずアンケートを書いていただくのですが、それでわかったのは、大半の方がどのように家づくりを進めていったらいいのかがわかっていないということです。

だから、何が本当にいいのかわからないままに、いいことだけ言われて家を建ててしまう方がほとんどだと思います。私もこの業界に入ったときに「三度家を建てないといい家づくりはできない」と聞いていましたし、ある調査によると家を建てた方の7割が失敗と感じているということです。

だから、うちは展示場出展で認知度を高めて、うちの「家づくり学校」とか個別セミナーに参加していただく。実際、家づくりに成功した方というのは、セミナーに参加したり、本を読んだりして目的意識を明確に持っている人が多いですから、ご縁のあった多くの方には、うちのセミナーを受けていただいて、どうしたら家づくりに成功するかを伝えていきたい。いいことだけ言われて、よくわからないまま家を建ててしまい後悔する人が多いなかで、そこを伝えていくのが我々工務店の使命だと思っています。

それがわかった中で、いくつかの選択肢からどこで建てるかを決めていく。そうすればこんなに家づくりに失敗する人は生まれないと思うんです。

感動の家づくり動画

崇　やっぱり家づくりで失敗はしてほしくないですよね。先ほど林さんのお話にあった「家づくり学校」について、もう少しお話しいただけますか。

林　「家づくり学校」というのは、簡単に言えば、うちの家づくりの考え方を学んでもらうためのセミナーです。お金をいただいてお客さんに参加してもらうんですが、それでも、思いをチームで共感・共有できない方はお断りしています。だいたい申し込みをされるのは3割ぐらいですね。そういうのが嫌だという人もいますから。

博　逆に言うと、そのハードルを乗り越えたらあとはスムーズですよね。

林　そうなんです。うちの理念に共感していただけた方の家づくりをするわけですから。「家づくり学校」はうちの理念である「感動の家づくり」の第1段階なんです。そこから全部で5段階ありまして、第2段階は「着工式」です。家を建てる前に、現場に入る職人さん、業者さん、うちのアドバイザー、設計、現場担当者、そしてお客さんが一堂に会し、今から建てる家のコンセプトや思いをワンチームで共有・共感する場づくりです。そこで職人さん、業者さんが自己紹介と現場に入る思いをお客さんに話をしてもらい、最後に握手して記念撮影をする。

あとは上棟式、引き渡し、それからアフターの定期訪問と5段階がうちの家づくりのステップで、上棟式と引き渡しのときも大工さんに思いをしゃべってもらうんですが、中にはしゃべるのが苦手で、「華建築さんはちょっと無理やわ」という方もいますね（笑）。逆にうちのやり方にはまって、「お客さんの顔が見えないから華建築さん以外の仕事はしたくない」という職人さんもいますが。

考えたら、昔はそうでしたよね。職人さんがお客さんの顔を見て仕事をしていた。本来はそうあるべきだと思うんですが、いつの間にかお客さんではなく、元請けの顔を見て仕事をするようになってしまった。

崇　華建築さんに行ったときに驚いたのは、引き渡しのときにこれをお渡ししているんですと言って動画を見たんです。全然知らない人の家づくり動画ですが、それを見たらいつの間にか泣いてましたもんね。

林　家づくり学校やセミナーで泣かれる方もいます。そういう場で私は「うちは顧客満足が一番じゃないんです」と言うんです。社員や職人さんの満足や感動がないのに顧客満足はないですから、そこが一番なんですと。

引き渡しのときというのは「感動の家づくり」ができたかどうかの成績をもらう日で、動画を見たお客さんが感極まって号泣される。それは有難いことですが、私は「本当にうちで建ててよかったと思われるのなら、スタッフ全員にその思いを伝えてください」とお願いします。そうすると皆さん、みんなに言ってくださいますね。当然、スタッフもやりがいを感じますよね。

崇　遠藤さんのところも最初に見てもらう動画がありますよね。あれを見ると、ああここと契約しようと思いますよね。

遠藤　うちの動画は、予め内緒で写真をもらい、これから家づくりをするご夫婦が出会うところから始まります。出会い、そして結婚、そして家づくりがスタートして完成するまでのストーリーを動画にするんです。最後は内緒でお二人からもらっておいた手紙が映って、お二人とも泣かれるという感じです。

博　そのプロデュースはすごいですね。

「営業担当で選ぶ」という問題

清水　年間200棟くらいやっていたある工務店が

倒産して、うちが上棟までいってストップしていた物件を何件か引き継ぐことになって、2人の施主さんに「その会社のどこがよかったんですか?」と聞くと、断熱性能が高いからとか外観がカッコいいからというのではなくて、「営業担当の方が感じがよくて」と。建物のことはあまり考えてなかったと言うんです。そういう人が多いんだなとそのとき感じたんですが、林さんや遠藤さんのお話を伺っていてもやっぱりそうかと思いますね。

だから、そういう方たちに対して、僕らがまずは基本的なことを伝えていくことが大切なことなんですね。

林　ある会社の調査によると、営業担当で選ばれている方が過半数なんですよ。でも、ご存じの通り営業担当はプロデューサーで、家をつくる人ではないわけです。家づくりで大事なのは、氷山に隠れているところ、すなわち設計士とかコーディネーターとか現場監督、さらに何よりも大事なのは現場に入る職人さん、業者さんじゃないかと思うんです。

だけど、そこはなかなかお客さんは知ることができないじゃないですか。本来はそこを知って、本当に共感・共有できるかということが大事で、そこがないと絶対に家づくりに失敗すると思うんです。

博　うち(住まいと土地の総合相談センター)に来られる方にもまったく同じことを言っていますね。

大手ハウスメーカーの顧客満足度というデータがありますが、営業の段階では満足度100%。まあ、そうでなければ判子を押さないですよね。で、設計段階になると満足度80%、現場にいくと50%、アフターになると20%という結果が出ています。

つまり、後の段階になるほど満足度が急に落ちていくわけですが、本当は満足度が上がっていくのが理想ですよね。さっき林さんのところは建てた方の紹介率80%を目指していると言ったけども、後ろの段階の満足度が上がっていけば、それも達成できるんじゃないかと思います。大手の場合はそれはできていないので、そこは狙い目だと思いますね。

崇　いいことしか言わないというのはまさにそうで、お客さんはいい話を聞いて喜んで契約するものだから、どんどん満足度が落ちていってしまうということですね。

遠藤　最初の期待値が高いから、そこから落ちていくというのはありがちなことですね。

林　家づくりって結婚と同じだと思うんです。基本的に1回ですし。だからご夫婦をはじめとした家族がその会社の理念、やり方に共感・共有できなければ満足な家づくりは100%できない。だからこそ、お客さんにそこを伝えて共感・共有をもらうのが使命だと思っています。

「これを使います」だけの性能は意味がない

崇　あとお聞きしたいのは「性能」という言葉についてです。というのは、お客さんが思う性能と、本当に備わっていなければいけない性能のギャップがあるんじゃないかと思っていて、たとえば遠藤さんが「この性能や品質は大事だよね」と思うものとか、「その売り出し方はどうなの？」と思うこととかありますか？

遠藤　お客さんが大事に思っていることで、「それ、大事じゃないよね」と思うことはあります。ただ、お客さんの体感としては、もともと住んでいたところが古い家だったりしますから、新築の家は良くなって当然なんですね。

　性能というのはその上にあるものですが、太陽光発電のエコの家であるとかそういうことよりも、うちの場合は自然素材をたくさん使っているんですが、それは表面的に触るところが何でつくられているかで体感は全然違ってくると思うからなんです。

　もちろん、耐震とか断熱とかを超高性能にしたい人はすればいいと思いますから、そこはコストとの兼ね合いで限界まで上げていきたい。ただ、そこは会社によって仕入れコストも違って、そこを下げる努力もしたうえでの話ですが、会社によっては断熱性は高いけれど、気密性のほうは工事が甘くて担保されていないところもあります。だから計算と実測の両方をきちんとやらなければいけないと思います。

材料の選定に当たっては、もちろんコストバランスもありますが、やはり僕らが理念としていることを実現するうえでこの素材は採用に値するかどうかというのが全部基準になっていますね。

崇　どの会社も「いい家づくり」ということを言っていると思うのですが、それが仕様選定で終わってしまっている会社が多いような気がします。

遠藤　高性能住宅の定義というのは、高断熱・高気密、そして高耐震ということだと思いますが、それが「これを使います」という構成要素だけで終わってしまっているということですよね。本当は、それをどうつくって、どうチェックしているのかがないといけない。「耐震等級3ですよ」と言っても「本当に3あるの？」ということですね。

断熱にしても、計算値ではこうですよと言っても実際の数値は違ってくる。だから、何を使っているかではなく、どう正確に施工し、どうチェックしているか。さらにチェックでOKが出ない場合にどうやって是正するのかなどがものすごく大事で、その体制ができている会社を選ぶべきだと思いますね。

いい加減な工務店は生き残れない時代がきた

崇　先ほど出た民法改正の話で、耐震等級3と言っていても測ったらそうじゃなかったとしたら、重大な「契約不適合」ということになっていくと思うんです。ですから、どういう形で約束をするかが工務店さんにとってとても重要になってくるんじゃないかと思います。

博　この業界は理論と実践の乖離がものすごくある業界ですよね。それを縮めていく努力をしている会社かどうか。そこが建てる側にとっては一番のポイントになると思います。

遠藤　難しいのは、住宅会社はメーカーでありディーラーであるということ。ほとんどの業界は「つくる」と「売る」は違う会社がやっていますが、僕らは両方やっているわけです。そうすると売らないことにはつくれないので、売るほうの基準に引っ張られていく。そのとき施工力が追いついていけばいいけれど、なかなかそうはならないんですね。こっちは時間がかかりますから。でも、追いつくようにどれだけ努力をしているかということだと思います。

崇　清水さんのところも自然素材を家づくりの一つのテーマにされていますよね。

清水　そうですね。うちは材木屋でもありますから、木材の見た目というより質感を楽しんでもらいたいというのがあります。

あと設計によく言うのは「玄関を開けたら木の香りがするような家づくりをしてほしい」ということ。玄関のシューズクロークやクローゼットの中にも製材工場から出る四分板を使うと、杉の香りがすごく漂ってくるんです。窓枠もそうですし、基本的なものはやはり自然素材でやっていきたいと思っています。ただ分譲住宅のほうは、コストをある程度抑えなければいけないので、メーカー品を使ったりもしていますが、こちらも自然素材で統一していきたいと思っています。

崇　そういうところにこだわることが工務店とハウスメーカーやFCとの差になって出てくるんじゃないかと思いますね。

博　冒頭で民法改正の話が出まして、それは確かに大きな改革、工務店さんには厳しい出来事だという見方もできます。でも逆に、適当にやっている工務店がどんどんなくなってくれるんじゃないか、と僕は思っているんです。

お話を伺っていると皆さんの会社には何の影響もないなと思いますが、影響を受けるような会社が消えていくのが今度の改正だと思いますので、僕はとてもいい改正だと思っているんです。

崇　そうですね。家づくりの主流のひとつとして「工務店で家を建てる」ということが今現在あるわけですが、工務店と言っても家を売るだけのところもあれば、皆さんのようにきちんと理念をもって家を建てているところもある。そういうことがもっと広く、そして正しく認知されるようになっていけばいいなと思っています。

本日は貴重なお話をありがとうございました。

本書に掲載しきれなかった
座談会の続きをYouTubeにて公開中!

■「建築座談会 2　No ●（下記番号)」またはタイトルにて検索してご覧ください。

0	：	PV
1	：	自己紹介
2	：	民法改正について
3	：	フランチャイズ住宅の裏側
4	：	工務店の本質
5	：	木造住宅と林業
6	：	大工育成は業界命題
7	：	見た目だけのデザイナーズ住宅
8	：	可変住宅とは
9	：	失敗しない家づくりの方法
10	：	家は、性能 !?

※まとめてご覧になるには、**「住まいと土地市村塾」**で検索、**「再生リスト」→「建築座談会2」**とお進みください。
「建築座談会」のほうでは「工務店で後悔しない家を建てる方法」（2018 年刊行）に掲載された座談会もご覧いただけます。

Chapter 5

市村塾

工務店で「納得の家」を建てる

全国実例31社紹介

凡例

新規で訪問した工務店

再訪した工務店

本章では全国の工務店を紹介していきます。
前回の書籍掲載の工務店の再訪と併せて、新規に「自分たちの力を知りたい」「現場の施工を教えてほしい」という前向きな工務店です。

再訪した工務店には、**変わっていてほしいこと・変わっていてほしくないこと**があります。品質面や安全面で指導、意見交換したことが現場に反映されているか？ より良くなっているか？ を確認するいい機会でした。

一方、新規に訪問した工務店も、みな一生懸命に「お客様のことを想い」家づくりを考えている気持ちのいい工務店でした。
単発の検査依頼で行った工務店ということもあり、「絶対に間違いがない工務店です！」とまでは言い切れませんが、プライドを持って頑張っている工務店であることは間違いありませんから、一度話を聞いてみてもいいと思います。

Q 市村塾の活動を教えてください。
A 工務店のガラパゴス化を防止する取り組みです。

本書のほかのところでも説明していますが、「工務店のガラパゴス化」こそが業界最大の問題であると思います。

「我こそがすべて・我が道を行く」という気概はもちろんいいのですが、〝井の中の蛙、大海を知らず〟が実に多いのが現実です。

その一番の理由は、学びの場がないことです。集客営業の販売手法コンサルなどの情報は世にあふれかえっていますが、技術を継続的に学習する機能を持つ場所はほとんどありません。

「断熱材の施工を学ぶ」とか「防水の勉強会」程度のものはあっても、「注文住宅を正しくつくっていくことを学ぶ」場は皆無かと思います。

そこで市村塾では、建築に携わる技術系の人間に向けて、学習できる場を提供しはじめてい

ます。まずは年に4回、塾生が集まって定例会を実施。全国の現場での指摘事項や、よくある間違いをレクチャーし、「何が正しくて、何が間違っているか」を水平展開しています。

また要望があれば、各社に赴いて少人数での勉強会も開催しています。座学を中心に「建築学の施工、材料」など、質疑応答を交えての勉強会です。

原理原則を知らずして、正しい現場管理はできないのですが、その原理原則を知っている人間が少なく、同時に他人に教えることができる人間はごく少数になります。

「こうしてはダメ」だけではなく、
なぜダメなのか？
なぜそうなってしまうのか？
どう直せば法に適合するのか？
次から何に気をつけるのか？
そういったことを教えています。

さらには、現場にて実際に検査の方法や作業の標準化について助言したり、職人に対して直接指導も実施しています。

私の本業はインスペクターです。ただし、私の使命はインスペクションではなく、「日本の

タイベック
ハウスラップ

家づくりを正しいものにする」ということです。

学習欲求や成長欲求のある人たちには、垣根を越えての協力を惜しみません。

その行為の先に、**「欠陥住宅で泣く建主をゼロにできる」**と考えるからです。

今後も、公平な第三者として、厳しく工務店を含め住宅業界を指導していきたいと思います。

市村塾　塾則

本塾は技術研鑽活動のプラットフォームである

知らずこと出来ずことは、恥じずに改善すればよく
真に恥ずべきは事実から目を背け向上心を失うことである
自らに嘘をつくことは顧客に嘘をつくことであり
それは必ず公になる

日々、技術者として事実を捉えると共に

原理原則のもと、問題解決に向けて努めることとする
理想と現実の差が埋まることはないが
その差を技術で埋めていく努力を怠らないのが真の技術者である

塾生のネットワークは、大いに活用し相互助力で技術力を高めると同時に
我々の活動を公開することで、業界スタンダードを我々「真の技術者」が構築していく
技術・モラルの向上に慢心せず、日常業務に取り組むことを心がけ
我らの意識・行動が、次世代の技術者育成の礎となる

真の技術にて顧客感動を創造していくことを塾の最大の目標とし
これを以て塾則とする

塾長　市村崇

茨城県
つくばみらい市

株式会社 セレクトホーム

会社所在地 茨城県つくばみらい市絹の台2-18-1
ホームページ https://www.select-home.co.jp/

◉目の届く範囲での受注にこだわる安心・堅実な工務店

セレクトホームは茨城県の地場工務店で、自社受注の注文住宅のみを手がけている。手広くはないが、地域密着での不動産事業も展開しており、このエリアでの土地探しから新築注文住宅のニーズに応えることができる工務店だろう。

社長の熊谷氏は、実にまじめに建築に取り組んでいる。当センターでは、初めてインスペクションを受託する工務店には検査内容の質疑書を送付し、事前に確認や取り決めをするのだが、過去のインスペクション時の対応は問題がなく、スムーズに進んだ経緯もある。

「工務店はデザインが野暮ったくて……と言われがちですが、私たちはデザインも含め日々研鑽し、お客様の満足を達成したいと思っています」という熊

写真1

谷氏の言葉は、日々の積み重ねがあるからこそ言えるものであろう。

【写真1】は防水検査の様子。丁寧に施工された様子がうかがえる。構造躯体はいわゆる一般在来工法で、断熱はFPパネルという仕様選定を標準としているそうだ。なお、大工は自社雇い入れの「社員大工」が現場を手がけていることも安心感のひとつだ。

この現場は外装ガルバ仕上げ、通気は横胴縁を使い「エアホール」を使用していた。

写真2

外壁通気工法は、現在の木造住宅では必須と言っても過言ではない工法で、壁体内の湿気を外部に排湿するための空気の道を、【写真2】でもわかるように穴を使って確保している。現場は丁寧に施工されていた。

写真3

【写真3】の内部の状況を見てもわかるが、整理整頓された現場は気持ちよく、断熱・気密の細かい部分までこだわって施工されている印象だ。

「自分の目が届く範囲でしか仕事を受けたくない」としてエリアも限定され、受注の棟数も上限を決めているようだが、こだわりの住宅を建築するには候補に挙げていい地域密着の工務店だと思う。

栃木県
佐野市

株式会社 team-K風間

会社所在地　栃木県佐野市金井上町2269-2
ホームページ　http://t-kazama.com/

◉新しい材料や技術も柔軟に取り入れる老舗大工工務店

写真1

明治30年から続く大工工務店。現在社長の風間保由氏は4代目の棟梁大工で、風間工務店の後継ぎとして家づくりに携わってきたとのこと。老舗の地域密着工務店である。

風間社長は自分で刻み（木材の加工など）や現場作業に携わってきた大工出身であるから、現場への想いも温度が高いと素直に感じた。

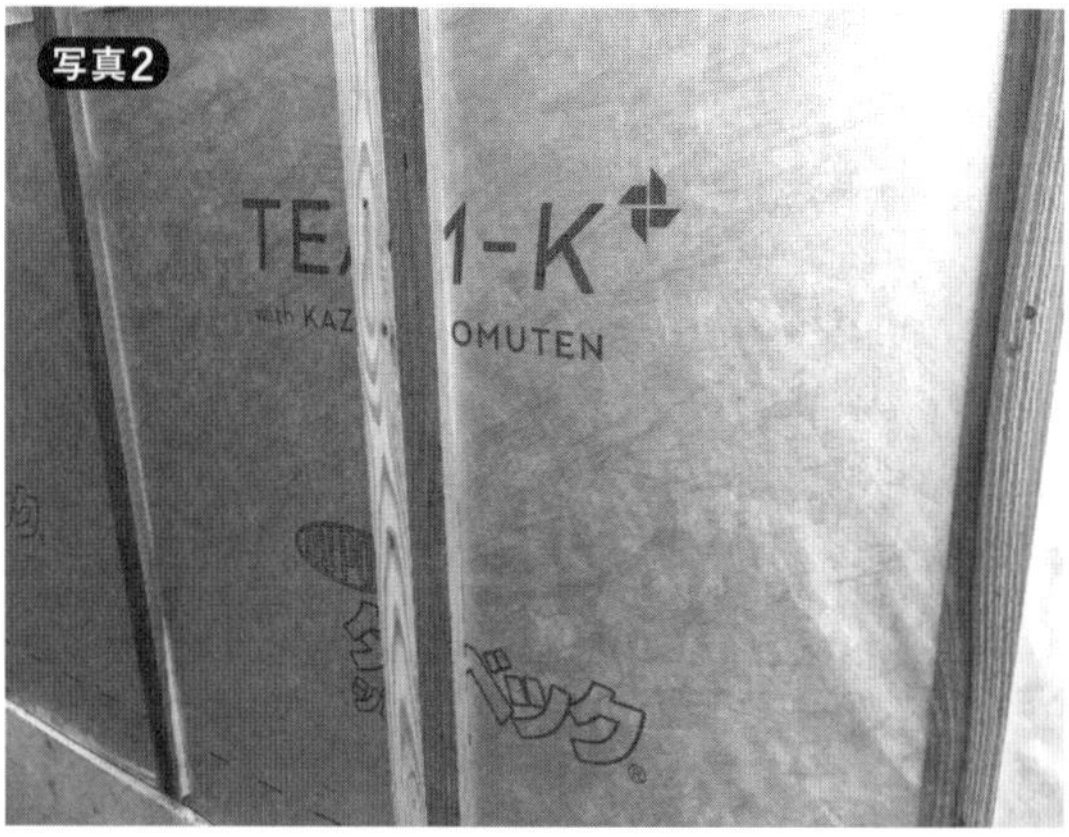
写真2

創業数十年の老舗大工工務店と聞くと、「頑固」や「変化を好まざる」などという印象を持つ方も多いかもしれないが、風間社長は新しい材料や技術の情報収集も積極的で、少しイメージが違う。

【写真1】は現場の様子。構造躯体は軸組在来工法で、ハウスガードを採用している。シロアリ対策の薬品圧入式のもので、大手だと一条工務店がこの手法で認知されている。

【写真2】は防水インスペクション時に撮影したもの。透湿防水シートは、社名入りのタイベックシルバー。遮熱性を考慮しての材料選択である。断熱材はウレタン吹付を採用して、気密・断熱・遮熱に配慮しているのが伺える。

写真3

　空調は個別空調(ルームエアコン)ではなく、基本的には「光冷暖」というシステムを採用しているそうで、室内温度の均一化やドラフトの解消を目指しているのであろう。このあたりの工法選定も、柔軟に対応できる風間社長らしいと言えば理解できる。

【写真3】と【写真4】は基礎完成検査での対角計測の様子。対角差異は数ミリで大変良好な施工状況であった。

大工は5名の専属大工を抱える。先代から続く大工仲間であり、信頼関係は高そうだ。

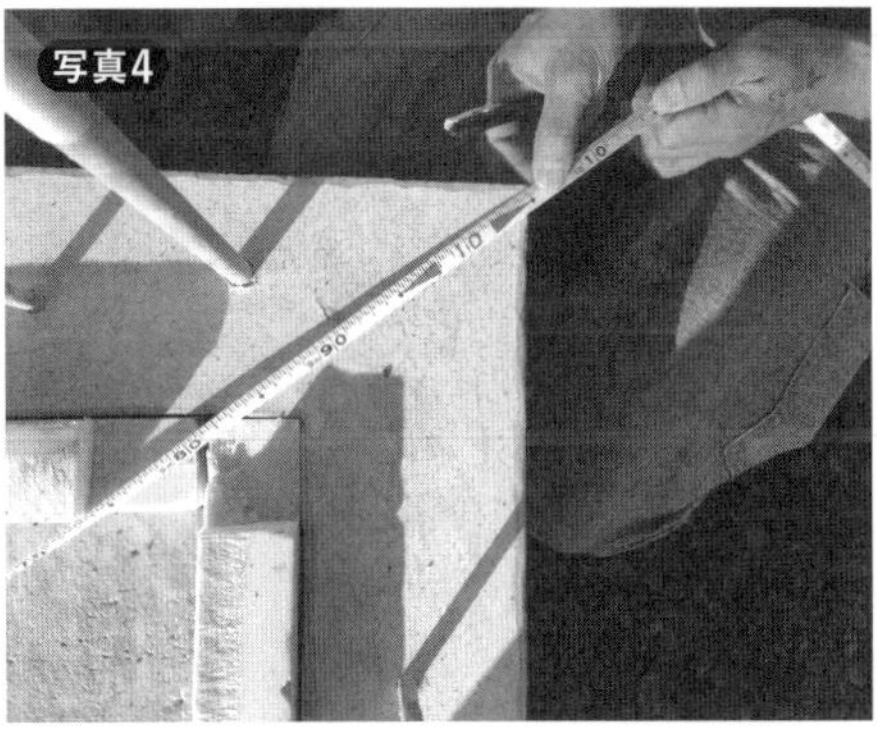
写真4

　地元工務店でオンリーワンを建てたいけれど、話しにくい……という印象はまったくないので、気軽に問い合わせてみてもいいかもしれない。

栃木県
那須塩原市

株式会社 ムロイハウジング

会社所在地 栃木県那須塩原市太夫塚6-233-96
ホームページ http://www.661.co.jp/

◉大工の〝職人気質〟を活かして誠実な家づくりを実現

先代は大工業として、およそ半世紀にわたり建築に携わってきたとのことで、限られた施工範囲のみで住宅建築をしている今も会長として健在だ。

現在のムロイハウジングの社長、専務は先代の息子さんで、共に大工として修業をしてきた、いい意味で〝職人気質〟を持つ、昔ながらの工務店と言えるだろう。

社長の室井勝氏は「私たち工務店の仕事は家をつくることではなく、住まいを通じて笑顔になっていただくことですよ。ファミリー経営だからこそ、ご縁のあるファミリーには幸せになってもらいたい」と話していたのが実に印象的である。

掲げているのは「わのいえ」で、和・話・輪の3つが家づくりのテーマということだ。

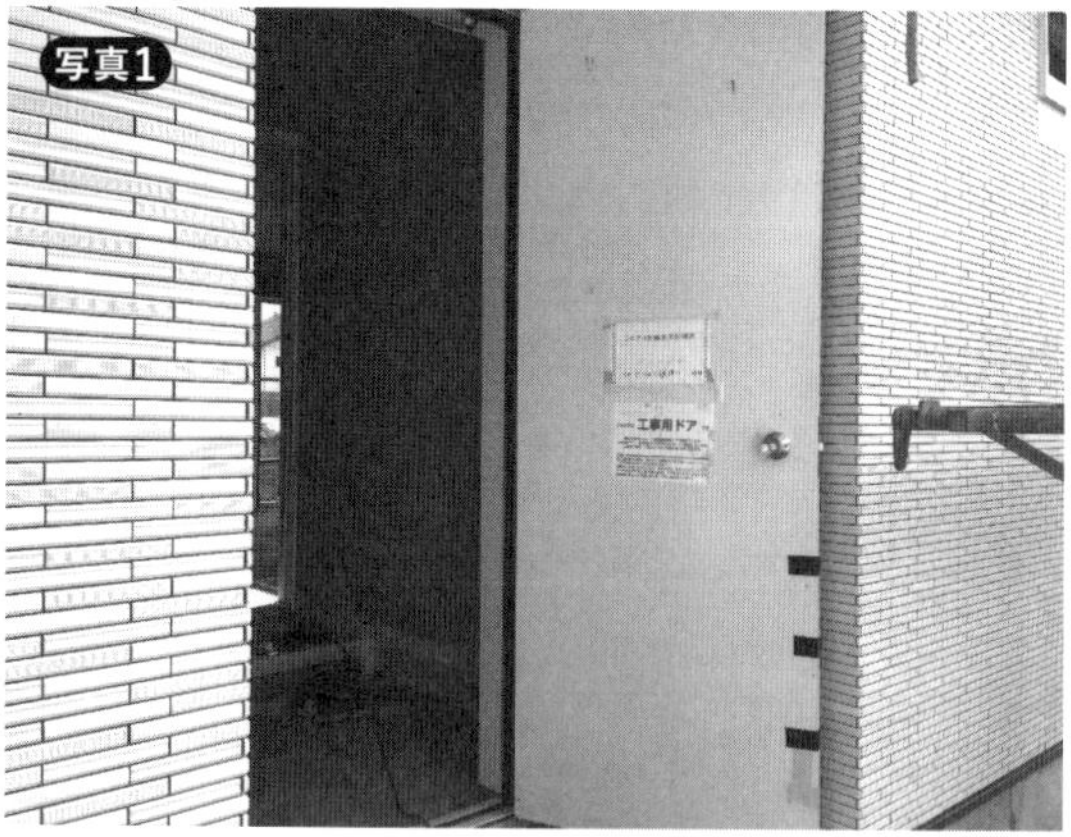

【写真1】は外装完了検査に撮影。傷がつきやすい玄関ドアは完成時まで「仮設ドア」を設置するなど、配慮をしている様子がうかがえる。

【写真2】のように、外装のタイル施工も問題なくきちんとしていた。普段はガルバリウムなどが多いようだが、職人出身の社長、専務は職人同士の横のつながりも強く、幅広い工事対応もできるのであろう。

【写真3】は内部造作完了、いわゆる大工工事が終わった段階である。現場はきれいに整理整頓されていて、まず見た目の印象がよく、経験上こういった現場はきちんと施工されているケースが多い。仕事をお願いする大工は、社長・専務とともに修行をしてきた大工たちとのこと。細かい部分も注意して施工していたのが印象的だ。

写真2

　家づくりの思い出になるように「地鎮祭・着工式・上棟式・引渡式」をすべての家で催事開催しており、大工業の伝統を伝承していることが、何より同じ業界にいるものとしてはうれしい。

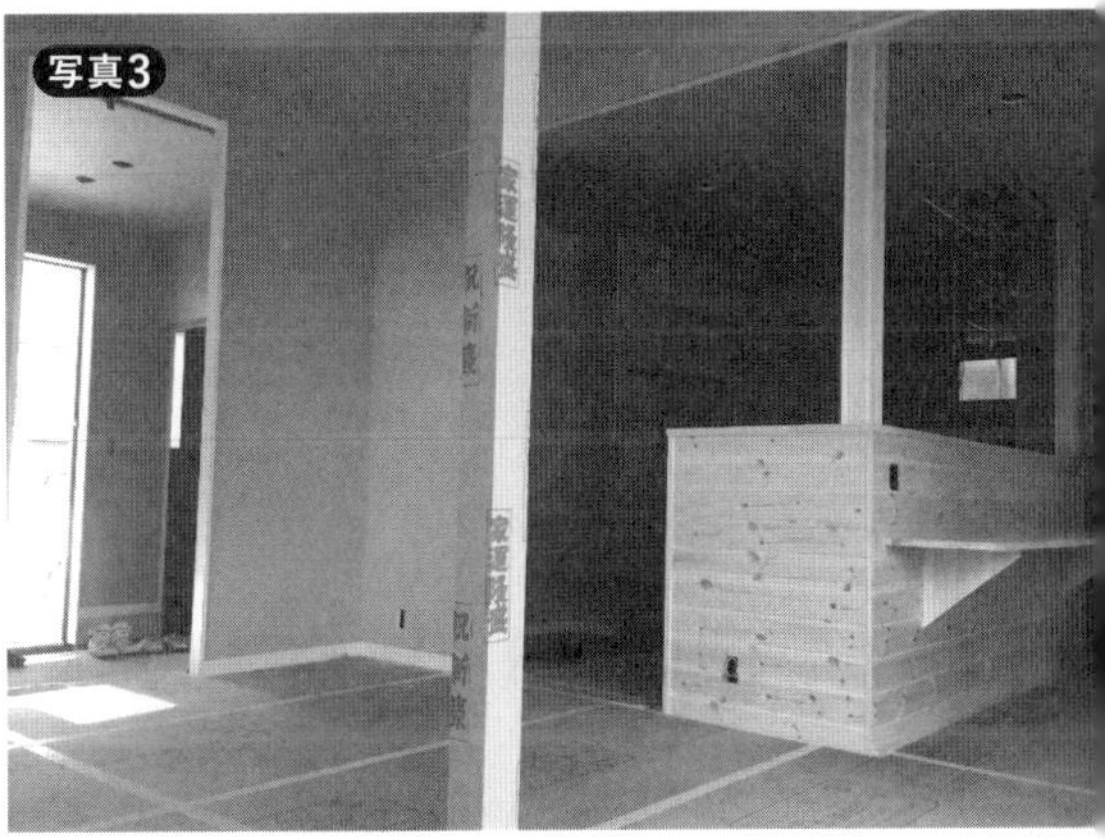
写真3

　家族経営のため、建てられる年間棟数は限られている。だからこそ「きちんと誠実につき合っていくんだ！」という気持ちが伝わってくる会社であった。家づくりに関するイベントを定期的に行っているらしいので、「地元の工務店で建てたい！」「末永いつき合いをしていきたい。」と考える方は、一度足を運んでみてもいいかもしれない。

埼玉県
狭山市

株式会社 SH-Space

会社所在地 埼玉県狭山市南入曽558-9

ホームページ https://www.sh-space.jp/

◉丁寧な施工と整頓された現場が示すレベルの高さ

埼玉県狭山市にある工務店、SH-Space（エス・エイチ・スペース）を再訪した。屋根の防水紙の施工状況や、外壁通気工法の意見交換と指導を実施。職人を含め、「いいものをつくろう」「より良くしたい」という気概が感じられる、気持ちの良い工務店だ。

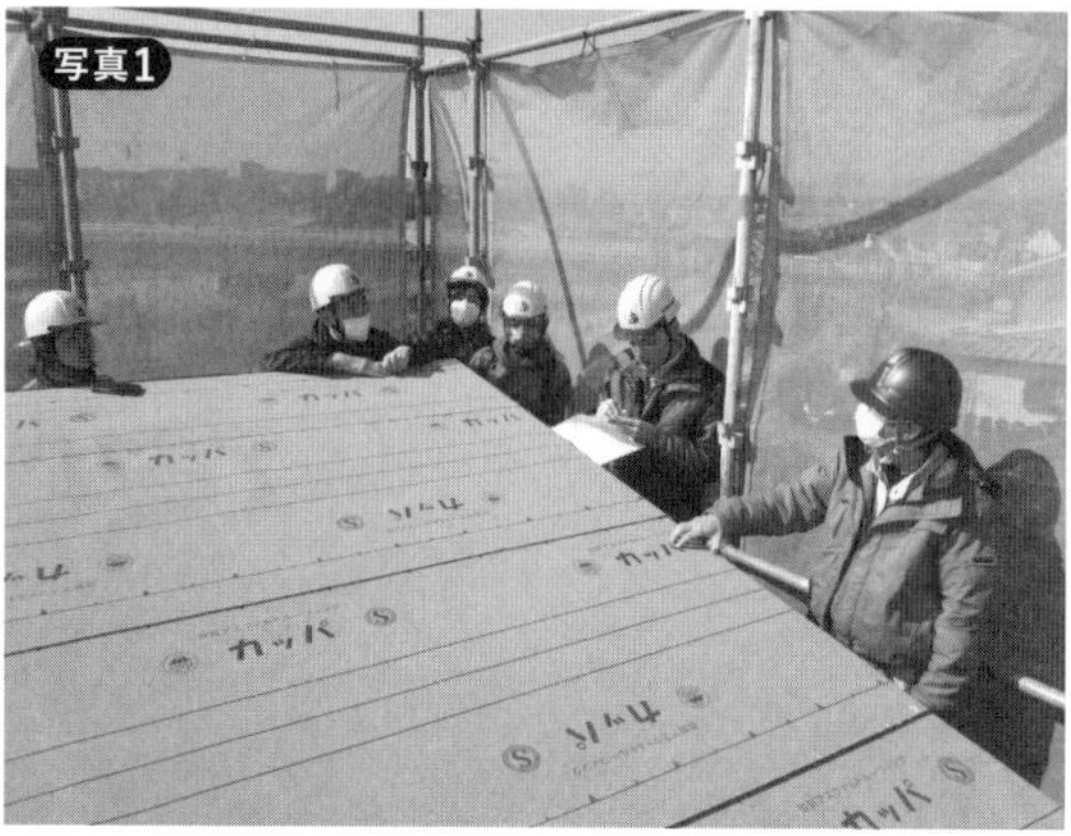
写真1

写真2

【写真1】は屋根の検査の様子。最近の木造住宅では、緩勾配の屋根や陸屋根（フラットルーフ）、軒の出が少ない、といったデザインがトレンドだが、どれも木造住宅とは相性が悪いのは否めない。単にデザインのみをウリにしている会社では、細かい部分の収まりに配慮が見られず、指摘箇所が多くなる傾向にあるから注意を要したい。

【写真2】は基礎配筋検査の様子。前回インスペクション時よりも確かな施工状況となっており、安心感がある。

構造躯体、上棟工事のインスペクションでは、丁寧な大工作業が確認できた。【写真3】は耐力壁の釘施工の様子。写真の左が耐力壁、右が非耐力壁だ。釘の間隔も打ち分けがきちんとされていて、施工要領通りの良好な施工であった。

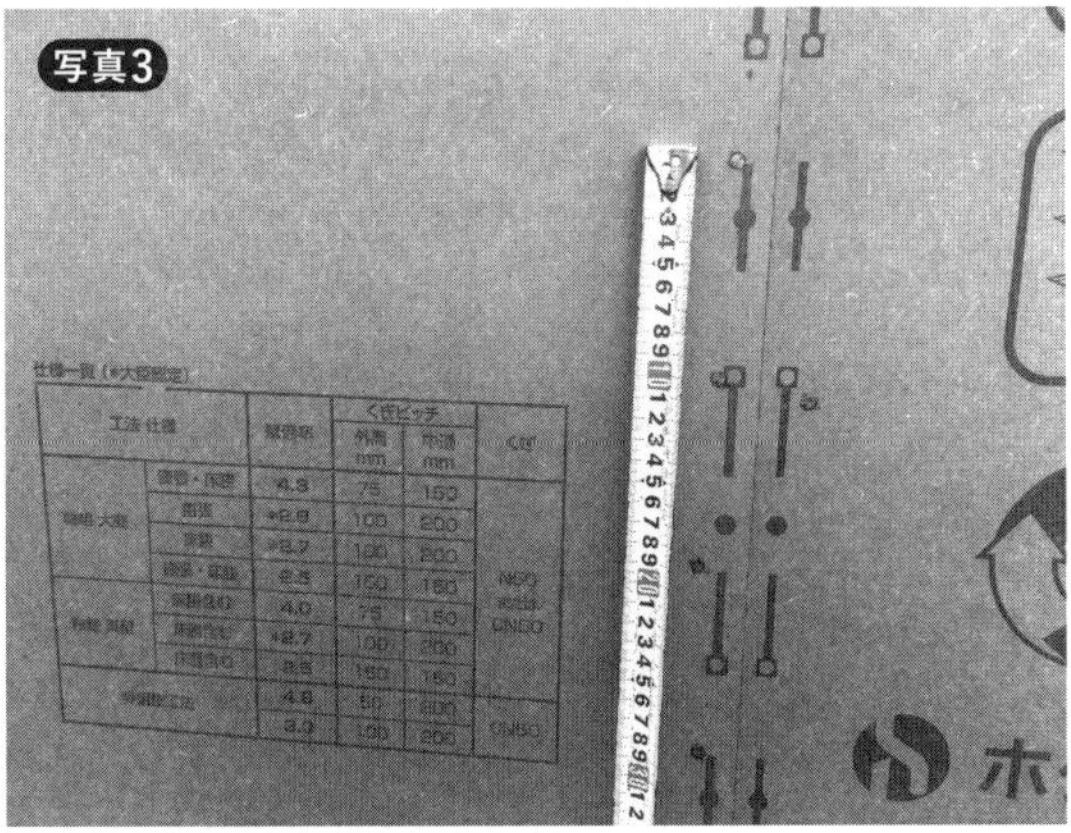
写真3

内部では、【写真4】のように、ごみ分別をするために箱が区分されていた。工務店レベルでは産廃分別ができていない会社も珍しくなく、こういったところからも「きちんとしていこう」という意識の高さが見て取れる。

写真4

1年間で、その進化が肌で感じられる再訪であった。今後もより高いレベルを目指して研鑽を重ねてもらい、優良な住宅を供給してもらいたいものだ。

千葉県
船橋市

株式会社 押見工務店

会社所在地 千葉県船橋市三咲5-32-10
ホームページ https://oshimikoumuten.com/

◉家づくりと現場を熟知した大工を擁する信頼の工務店

千葉県船橋市、新京成線の三咲駅すぐにある地元密着工務店。対応エリアは船橋市とその周辺で、メンテナンスを考慮し、車で片道60分以内と決めているそうだ。

写真1

【写真1】は店内の雑貨スペース。雑貨屋を併設し、店舗内に入りやすい雰囲気を見ても、地域密着な工務店らしい。

社長の押見氏は大工出身で、〝丁稚〟を経て工務店を創業。社歴はまだ浅い（と言っても10年は超過しており、訪問時は13期目であった）が、家づくりに対する情熱はまじめな大工さん出身だからこそ……と言った感じか。

押見社長は「家づくりはあくまでも手法であり、真の目的は『家づくりを通して、笑顔や感動を味わっていただき、その先の生活を豊かに過ごしていただくこと』だ」と話す。

【写真2】は竣工検査時のもの。床は無垢のパイン材を使用した現場で、多くの現場は木の質感を大事に材料選定しているとのこと。専属大工は社員ということだから、やはり現場の肝を知っていると感じる。

多くの会社の検査を実施してきた私が思うのは、「品質をコントロールするのは大工であり、その大工が工務店の理念や信念を理解している会社こそもっとも現場を上手に進めていける」ということだ。

写真2

次の現場は上棟検査だが、ちょうど台風19号の台風一過後に検査実施。【写真3】のように全面をブルーシートで養生をし、雨が入らないように配慮していた。このあたりの手間を惜しむような大工であれば、現場はずぶ濡れになってしまうことはたやすく理解できると思う。

写真3

現場で、「出会いに感謝し、付加価値の高いものを適正価格で提供したい」と熱く語っていた社長が印象的である。「地元密着の工務店で家を建てたい」という方は、訪問しても損はないだろう。

東京都
世田谷区

株式会社 興和アークビルド

会社所在地 東京都世田谷区上用賀1-8-9

ホームページ https://kowa-arc.jp/

◉確かな技術と細やかな配慮からわかる経験値の高さ

東京都世田谷区、いわゆる城南エリアを施工エリアとする興和アークビルド。最近ではRC（鉄筋コンクリート）造の注文住宅受注が多いようだ。今回再訪した現場は木造住宅2階建てで、【写真1】は基礎配筋検査の様子だ。

写真1

配筋検査は最も指摘の多い部分であるが、RC住宅を手がけるだけあり、施工状況は良好であった。多くの工務店が、基礎は「基礎業者にお任せ」であり、品質コントロールができていないのが実情だが、原理原則を理解している現場は見ていて安心感がある。

写真2

【写真2】は基礎の様子。

構造の要である基礎は、その施工状況によって建物耐久性が左右されるということは説明するまでもないだろう。各種規定では細かいことが決まっているが、残念なことにそれを実行できる工務店（基礎業者）は非常に少ない。

【写真3】はクロス工事インスペクションでの1枚。階段は段板、蹴込板ともにきちんと養生されていた。工事中、特に仕上げ現場はさまざまな職種の職人が出入りするため、傷がついてしまうのだが、後で補修をすればいい……ではなく、こういった配慮がなされている点には感心する。

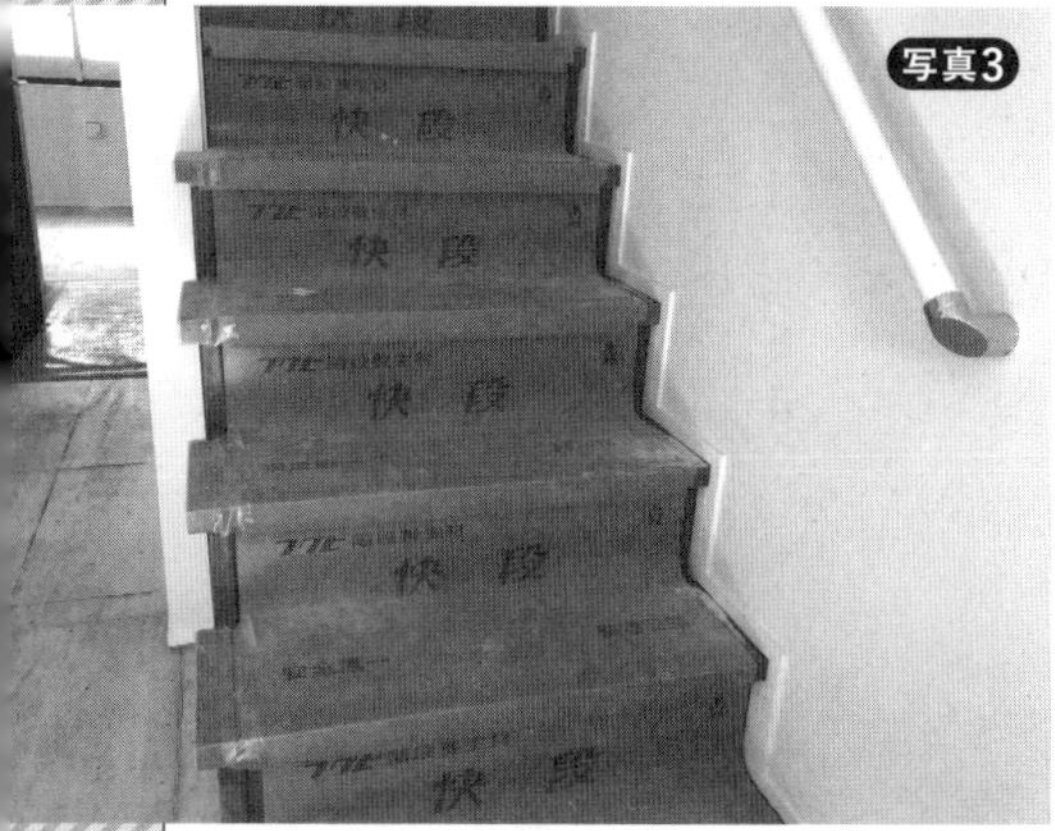

写真3

【写真4】は竣工検査時のものだ。検査案件はボリュームのあるRC住宅であった。ガレージの木製シャッターや特注デザインの鉄扉が印象的だ。こういった工事は各専門メーカーとのすり合わせが難しいため、アフターも含めて十分な経験値がある住宅会社を選んでいただきたい。

写真4

東京都
杉並区

株式会社 匠陽《しょうよう》

会社所在地　東京都杉並区西荻北3-12-6
ホームページ　http://www.show-yo.com/

◉構造に関する専門スキルも備えた信頼の工務店

写真1

写真2

再訪したのは、設計事務所案件を数多く手がける工務店の匠陽。前回の書籍でも、インスペクションを実施した工務店の多くが、自社での注文住宅設計・施工を手がけているが、この工務店が建てる家の多くは設計事務所が図面を作成した建物である。

設計事務所

案件を手がける工務店には、一般的に**モノ言う工務店**は少なく、どちらかというと設計事務所に〝右へならえ〟のところが多い。実際に仕事の流れが「建て主→設計事務所→工務店」という図式であるため、設計事務所＝お客様ととらえる工務店が多いからだろう。

その点、匠陽は現場経験を活かしたうえで、きちんと「こうしたほうがいい」と提言できる信頼できる工務店だろう。【写真1】は基礎配筋検査時の1枚。丁寧に施工された現場であった。

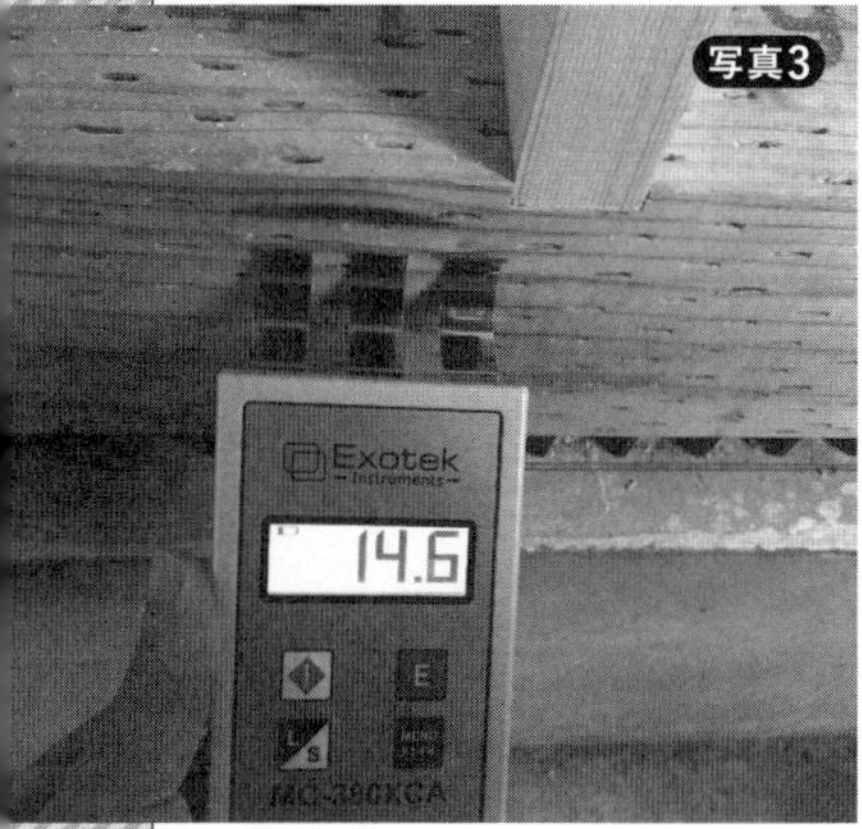

写真3

次の現場インスペクションは上棟検査【写真2】。構造上、重要な耐力壁の施工も確実な様子がうかがえた。検査当日はあいにくの天候であったが、きちんと養生を実施し、木材含水率もJAS規定値以内を確認した。

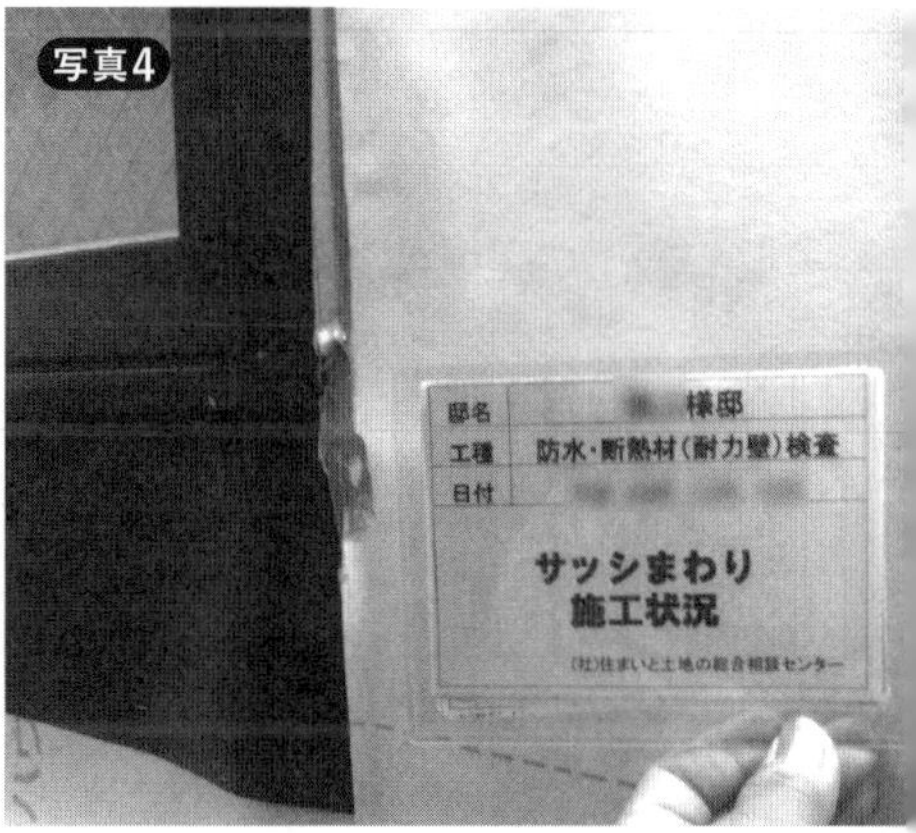

写真4

【写真3】の計測個所は土台部。在来工法ではJAS規定にて含水率20％以下と決まっている。

防水工事のインスペクションでは、【写真4】のように、雨がかりが多い面のサッシ脇に止水用のコーキングが施工されていた。

社内には構造計算を主とした構造設計部を持ち、外部設計事務所などからの構造計算依頼や耐震等級3取得の計算なども請け負っている。構造に関する専門的なスキルをあわせ持つ数少ない工務店と言えよう。

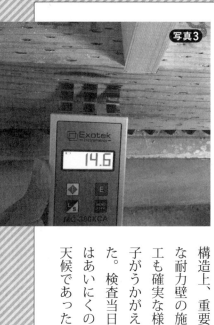

東京都江戸川区

株式会社 リバティホーム

会社所在地 東京都江戸川区西小岩3-21-30
ホームページ https://www.liberty-home.biz/

◉大工と施工業者の技術と質の高さが光る優良工務店

東京都の狭小住宅を得意とする地域密着工務店、リバティホームを再訪。

写真1

【写真1】のように現場は狭小地だが、整理整頓され現場管理は相変わらずしっかりとされている印象を受けた。基礎鉄筋の組み方など、意見交換や指導を実施。

前向きな工務店はやはり気持ちがいい。

写真2

【写真2】は設備配管の様子。ひび割れ防止の鉄筋もきちんと施工されて問題ない。

大工作業が進む内部造作現場では、断熱材の施工状況を確認【写真3】。大工はみな断熱工事の研修を受けていて、施工

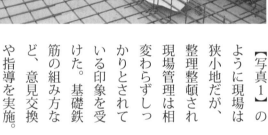

状況は全国でもトップクラスと言っていいだろう。

当たり前の施工を当たり前に実施できる工務店は実に少ないが、リバティホームの大工は細かい配慮も含めて丁寧に施工されていて、非常に安心感がある。

大工は現場で長期間工事をするため、親方が整理整頓はもちろん、品質面でも目を光らせていると、他業種も気を引き締めて工事をするのが特徴的である。

【写真4】は水道業者の配管実施の模様。そういった点からも、配管の固定など施工状況は大変良好であった。ひとつひとつきちんと施工をしている数少ない工務店と言えよう。今後も大工の技術力を維持向上させて、良質な住宅を建築してほしい。

写真3

写真4

東京都
武蔵野市

みすゞ建設 株式会社

会社所在地　東京都武蔵野市吉祥寺東町2-2-15
ホームページ　https://misuzukk.co.jp/

◉50年以上の実績を誇る地元密着の総合工務店

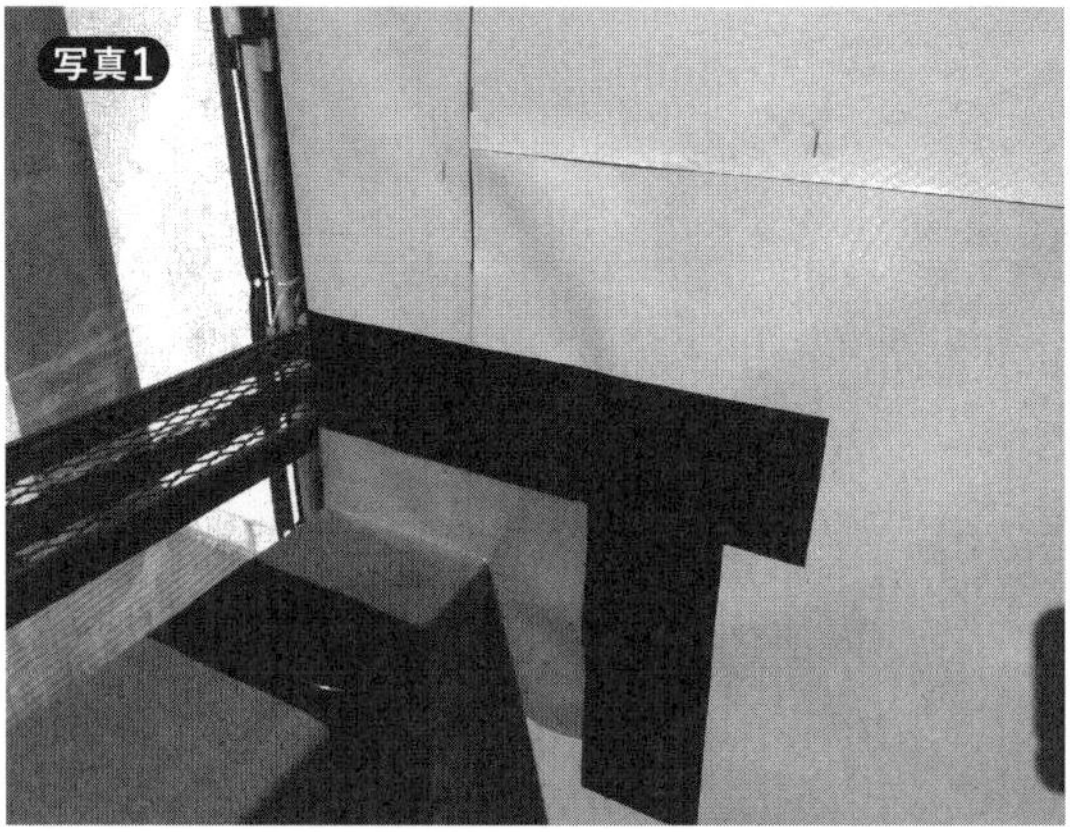

創業が昭和42年ということだから、地元密着で50年以上の実績を持つ老舗工務店と言えよう。注文住宅以外に、ビル建設業やテナント業なども手がけていることも、地元で継続して事業を根づかせている要因なのだろう。

公共工事は行わず、すべて民間受注のようだが、ISO9001を取得するなど、安全管理面も含めて、〝町の工務店〟というよりは〝地元に密着した総合工務店〟と呼べるかもしれない。

【写真1】は防水検査時の1枚だが、雨漏れ事故は一般の皆さんが想像する以上に、全国各地で発生しているのが事実である。雨漏れ事故が発生する箇所は、「仕事がしづらい」「作業が複雑」といったところで発生しやすい。

この写真もまさに雨漏れ事故が発生しやすい箇所であるが、役物（つなぎ目がない成型一体品）を採用し、シームレスな施工を心がけている。

【写真2】は上棟検査時のもの。現在の木造住宅は「耐力壁」という強い壁を計画して、地震に抵抗していくようになっている。壁は柱に面材を打ちつけ、

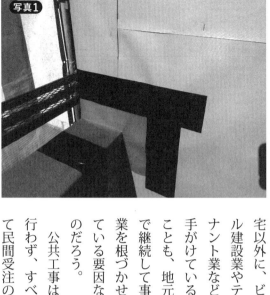

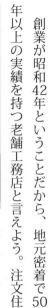

強固な箱に見立てて家を建てていくのだが、面材選定は工務店によりさまざまとなる。

　現場では、耐力壁面材に吉野石膏の「タイガーEXボード」を採用しているとのこと。みすゞ建設の施工エリアでは、狭小地や3階建て計画も少なくないので、準耐火建築物（火事に配慮されている構造）になるケースが多い。2階建てでも面材仕様を統一することで品質の安定化をはかっているようだ。なお、施工はくぎ打ちを含めて丁寧に実施されていた。

写真2

　【写真3】は建物の中の玄関部に、建主用のヘルメットが置かれている様子。大手のハウスメーカーなどでは「危険なので現場には入らないでください」といった対応も目立つなかで、工務店らしい歓迎ムードは施主にとっては嬉しいことだろう。

写真3

東京都
小金井市

株式会社 タカキホーム

会社所在地 東京都小金井市本町1-12-6
ホームページ https://www.takaki-home.net/

◉住宅資材販売会社をバックに充実した家づくりを実現

東京都小金井市に拠点を持つ地元密着の工務店である。設立は1980年。老舗の工務店と言っていいだろう。親会社の株式会社タカキ（ホームページ：http://www.takakigroup.net/）は住宅資材販売会社であり、木材を含む資材関連が適正価格で流通されることは大きな魅力のひとつだろう。リフォームにも対応できる地元密着の工務店だ。

写真1

工務店と言えば「デザインが野暮ったい」という印象を持つ方も多いが、建築家とタッグを組んだデザイン系の注文住宅を手がけていたので、プランニングやデザインの仕様選定で負い目を感じる部分は少ない。

株式会社ウッドビルドのWB工法を標準採用している。【写真1】は上棟検査時のものだ。

躯体精度は良好であった。大工の腕ももちろんだが、親会社のタカキから供給されるプレカット材も精度がいいようだ。

【写真2】は基礎配筋検査の対角計測。誤差はほとんどなく、施工精度は良好であったと記憶している。

防水検査ではサッシ（窓）下の様子を確認。サッシの下から雨が入ることも多いため、【写真3】の

写真2

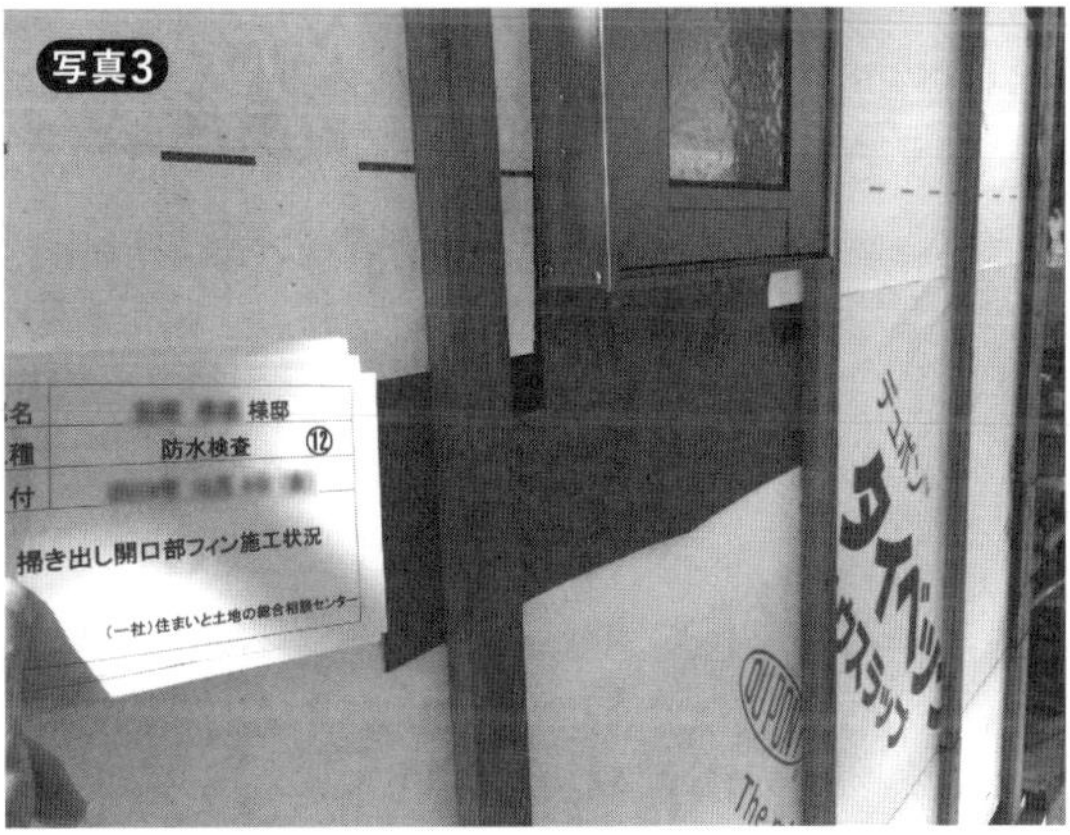

写真3

ようにサッシを設置する前に、先行して防水シートを施工する配慮がなされている。

親会社のタカキは総合商社として工務店サービスを実施するうえで、工務店が苦手とする各種補助金や申請の窓口・サポートを行っている。そのため、住宅事業にかかわる補助金などに非常に長けていて、長期優良住宅をはじめ、有益な情報提供が可能なようである。

WB工法のモデルハウスへの宿泊が可能とのことで、興味があれば利用してみてもいいかもしれない。

東京都
東村山市

株式会社 丸清《まるせい》

会社所在地 東京都東村山市栄町1-3-60清水ビル2F
ホームページ https://e-marusei.jp/

◉確かな材料選定と高い技術力が光る優良工務店

　無垢材をメインとした自然素材にこだわった工務店、丸清を再訪した。自社で山林と製材工場を持ち、伐採からプレカットまで手がけている数少ない工務店だ。無垢材はそのトレサビリティ（製造や流通の過程確認）が難しく、いわゆるｎｏｎ－ＪＡＳ（ＪＡＳ規格外品）も多いため、使用には細心の注意を払いたい。

　無垢材の家づくりに欠かせないのが、豊かな経験を持つ大工の存在だ。丸清は大工の事業承継や教育にも力を入れており、東京大工塾など業界助力活動も行っている。

　生憎の雨天現場であったが、まずは基礎完成現場のインスペクションを実施。【写真1】のようにコンクリートのうち上りは非常にきれいで、丁寧な施工状況がうかがえた。

　基礎コンクリートは型枠の中にコンクリートを流し込むため、硬化後の品質は現場の職人スキルに直結する。ひとつひとつの作業を丁寧に実施しないと、写真のような仕上がりを常に維持するのは困難だろう。

【写真2】は断熱工事のインスペクションでのもの。吹き込み工法のシートがきれいに張れているのが確認できた。

工務店の断熱工法の多くは「発泡ウレタン工法」「断熱材充填工法」「吹き込み工法」の3パターンに分けられると思う。そのうち、専門業者に発注して断熱工事を施工するのが、発泡ウレタンとこの吹き込み工法だ。さすがに専門職の施工のため、きちんと施工されている。

【写真3】は外部、軒天の様子である。多くの工務店はケイカル板（ケイ酸カルシウム板）を採択しているが、丸清では**ノキライト**を使用していた。大建工業の、軽量で耐火

性・耐久性に優れているとされている材料で、こだわりがうかがえる。

以前と変わらずに、きちんとした材料選定とまじめな仕事ぶりには一安心だ。施工エリアでの地元工務店の依頼先候補に挙げていいだろう。

東京都
国分寺市

株式会社 リガード

会社所在地 東京都国分寺市本多5-26-40
ホームページ https://tokyo-chumon.com/

◉家族の幸せを守る「気遣い」にあふれた家づくり

西東京を中心に注文住宅を手がける工務店。社長の内藤氏は、もともと不動産業界で、土地活用のコンサルなどに身を置いていたが、家を売る・買うと言った単なる行為ではなく、「お客様の笑顔であふれる家を提供したい」という思いから創業したとのこと。

高気密高断熱を軸に、住まい方に合わせた動線のよいプランニングで、デザインとコストパフォーマンスの高い住宅をつくることを目標に掲げている。内藤氏の「家はそこに住まう家族のためにあり、家族の幸せを守るためにあります。商品としての家ではなく、大切な家族を守り続ける家でありたいという思いから注文住宅を始めました」という考えにはうなずく点が多い。

写真1

デザインとプランニングはいわゆるアトリエ系の建築士とタッグを組んでいるようだが、「TOSSの家（HP参照）」が考え方にあるようで、いわゆるパッシブデザインの必要性を理解している工務店だろう。

実際に現場を訪問し、防水検査インス

ペクションを実施した。【写真1】は屋根の防水であるルーフィングの施工状況だ。

屋根の傾斜は緩勾配であるため、ルーフィングに穴をあけずに施工する田島社製、糊付のものを採用して雨漏れ防止に配慮している。少し値は張るが、重要な部分であることから、このような仕様採択には賛成だ。

次のインスペクションは上棟時の様子。構造躯体は軸組在来工法が標準とのこと。【写真2】のようにレーザー機器で垂直水平を確認したが、施工状況は良好であった。

写真2

次の現場は、準耐火建築物（火災時の被害が少ないように法規制されている建物）であるが、【写真3】のように各所貫通部には耐火処理がされていた。細かい部分だが、きちんと勉強しているようで感心に価する。

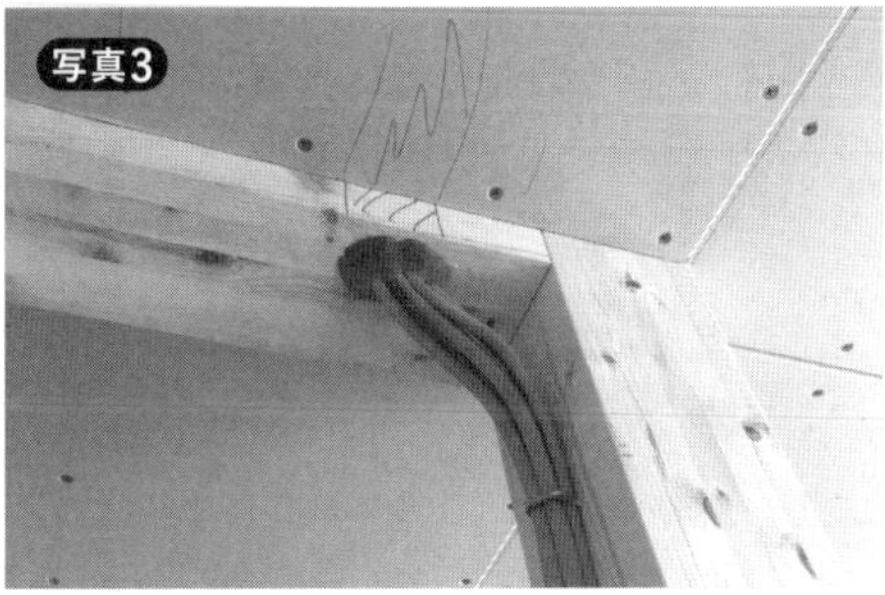
写真3

社名のリガードは「気遣い」という意味だそうだ。内藤氏と話すと「人が好きだ」ということが伝わってくる。地元工務店ならではの気遣いを期待する建て主は、依頼先候補に入れても損はないだろう。

東京都
国分寺市

内田建設 株式会社

会社所在地 東京都国分寺市新町3-20-11
ホームページ https://www.k-uchiken.com/

◉第三者の検査を取り入れたまじめな家づくりの好例

東京都国分寺市にある地元密着工務店、内田建設を再訪した。東京西部を中心に施工エリアを決めている。さらなる品質の向上と改善を目標に、筆者のインスペクション会社である（社）住まいと土地の総合相談センターに全棟検査を依頼している工務店のひとつだ。

もともとは大手ハウスメーカーの下請け工務店をしていたが、家づくりの方向性をまじめに捉え、自社での注文住宅にシフトした工務店である。そのため、現場保全や清掃、大工の基本スキルなどは高いといえる。

【写真1】は上棟検査時のもの。構造躯体の垂直や水平精度の確認をレーザー機器にして検査しているが、いたって良好な施工だ。

写真1

【写真2】は防水検査時のもので、こちらも軽微な指摘のみで、全体的な施工状況は大変よい。全棟検査の賜物とは言わないが、完全な第三者の我々が検査をすることにより、現場ではいい緊張感が保たれていると素直に感じる。

実は、職人や施工業者は「自分たちの仕事に誇りを持っている」とは言い難いのが残念な実情だ。理由のひとつは、仕事の良し悪しを**正確に公平にジャッジ**できる人間が少ないからだろう。

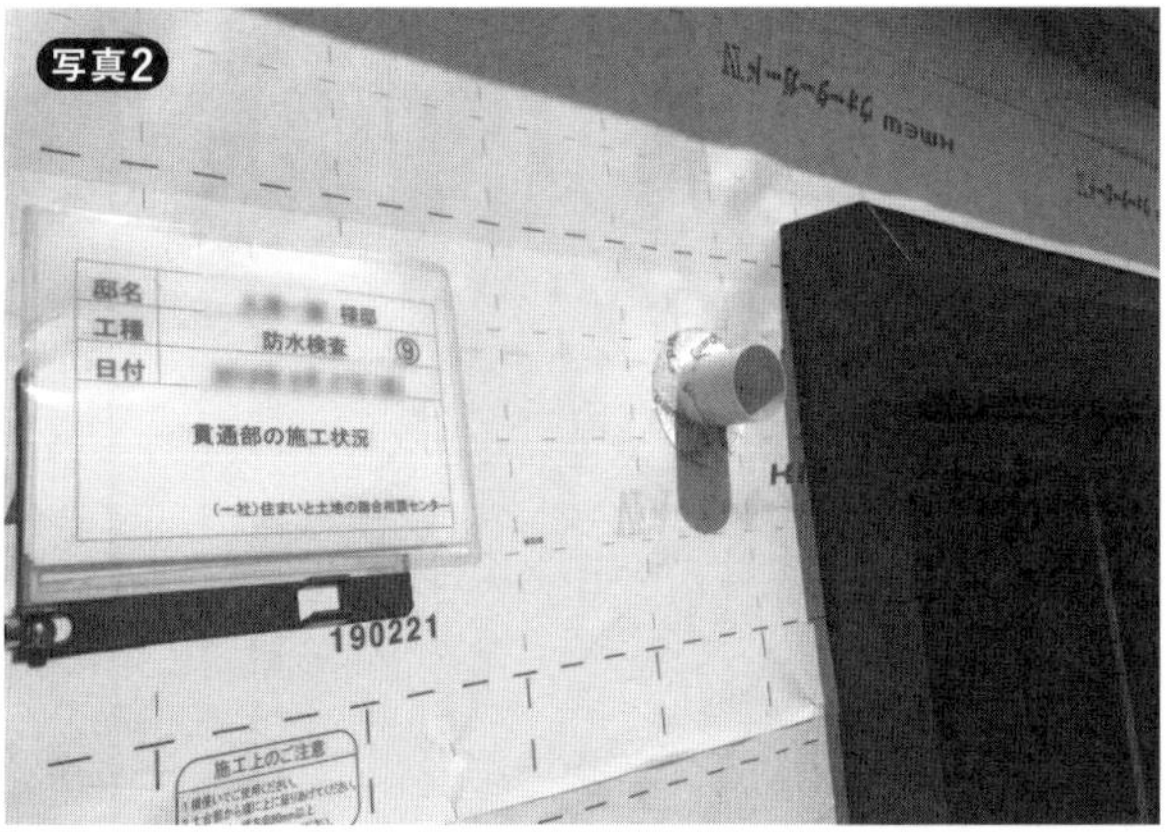

写真2

そういった意味でも、専門知識をきちんと持った現場監督、または第三者の厳しい目が光っている現場は、職人としても、また違ったやりがいが出るのであろう。

【写真3】は竣工検査時のもの。軒天を撮影したが、軒天全周に換気スリットが設けられている。現在の木造住宅は気密性が向上した半面、雨漏れや壁体内結露の心配が高いのは否めない。写真のように、積極的な換気計画によって、壁内結露の防止に配慮しているのには賛成だ。

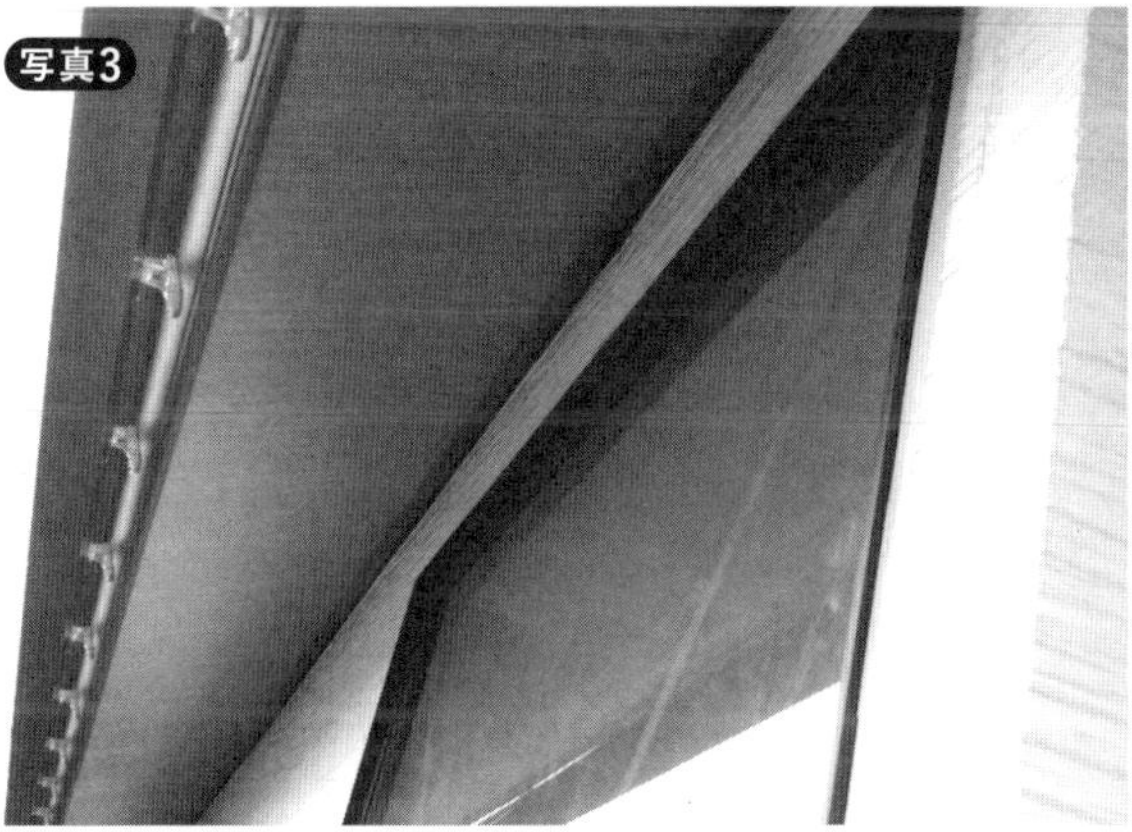
写真3

会社規模が大きくないため、多くの現場を受注、施工していくことはできない工務店だが、まじめな家づくりを進めている、数少ない好例な工務店と言えよう。

神奈川県
横浜市

工藤建設 株式会社（フローレンスガーデン）

会社所在地　神奈川県横浜市青葉区新石川4-33-10
ホームページ　https://www.florence-garden.com/

◉大型現場での実績に裏打ちされた施工品質の高さ

本社は横浜市にあり、神奈川県全域と東京都一部を施工エリアとしている。工務店というよりはゼネコンと呼んだほうがいいほどの事業規模の会社である。今回、現場インスペクションを実施したのはもちろん住宅事業部の建設現場のほうだ。

構造はツーバイシックスを標準採用し、地下室の住宅「フローレンスガーデン」を基軸に商品展開をしている。大型現場での実績が多数あり、現場はさすがの安全管理・現場保全の状況がうかがえた。【写真1】は地下室の様子。採光の計画を工夫し、明るい状況が見て取れる。コンクリートの仕上がり状況もいい。

【写真2】は上棟検査時のもので、全現場で防犯カメラによる遠隔管理も実施しているなど、安心感は非常に高い。

地域密着の住宅会社を目指しているとのことで、大きい会社にありがちな〝行き過ぎた効率化〟によるおざなりな施主対応というものはないようだ。

写真1

工事責任者

の岡本氏によれば、「お施主様と一緒に現場の検査状況確認を実施しています。着工前から引き渡しまで、計9回にわたり現場立会などをやらせていただいています」と言うのだから、家づくりを一緒に進めていき、記憶の残る家づくりができる体制になっていると感じた。

写真2

【写真3】は断熱インスペクションを実施した際の模様。繊維系の充填工法だ。工藤建設では、断熱工事は専門の工事業者を頼み、気密工事まで責任施工の発注形態を採用しているそうだ。そういった意味でも施工状況は非常に良好であった。

写真3

　現場は1日5回清掃という徹底した現場保全を掲げている。清掃状況がよい現場は総じて大きなトラブルが少ないのが、これまでのインスペクション経験からもわかっている。例に違わず、しっかりとした施工品質がうかがえた。エリア内で建築を希望する場合には、訪問の価値はあるだろう。

神奈川県
川崎市

株式会社 タマック

会社所在地 神奈川県川崎市多摩区枡形2-6-11
ホームページ https://tamac-inc.co.jp/

◉事業承継の実施でさらなる飛躍を目指す地元密着工務店

地域密着工務店のタマックを再訪した。エリア限定で施主1人1人に全力を注ぐ、工務店業界ではパイオニア的な工務店だ。

２０１９年に事業承継を実施し、社長が加藤氏へと引き継がれた。現場監督出身の加藤氏は、現場品質のさらなる向上も目標に掲げているそうだ。

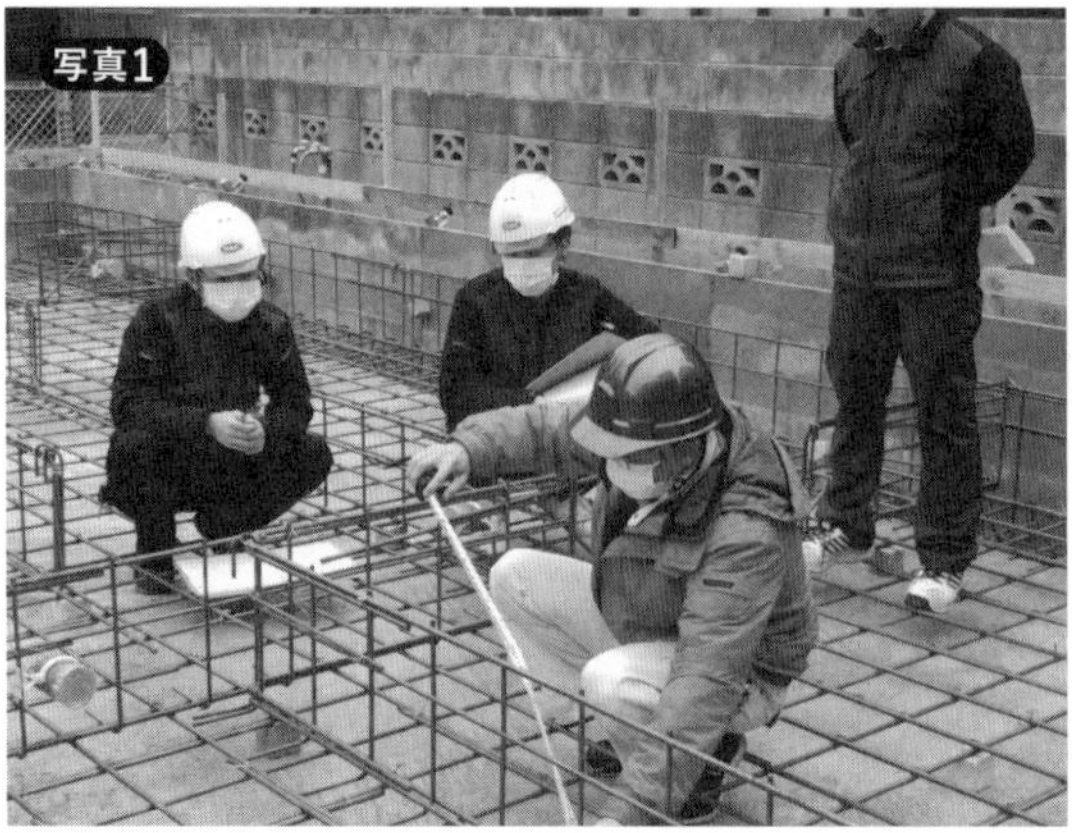
写真1

【写真1】の現場では指導も交えて検査を実施したが、丁寧な鉄筋組は安心感が高い。基礎業者の技術は高いレベルを感じる。

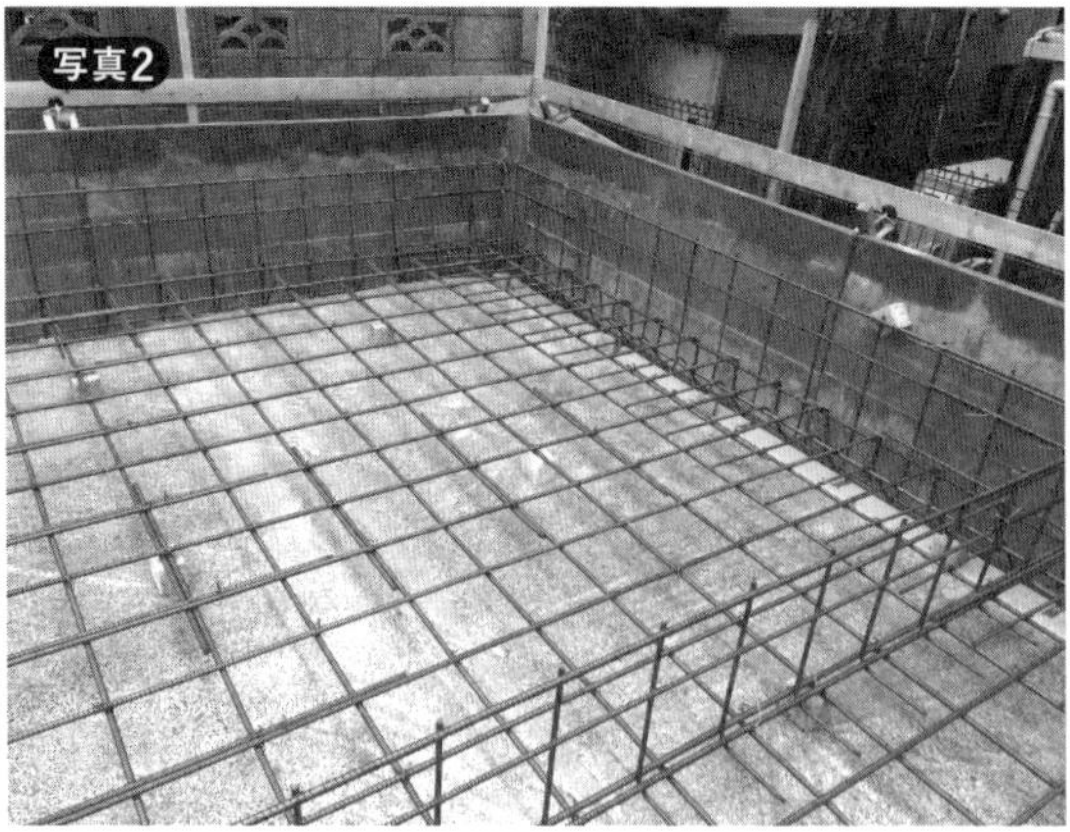
写真2

【写真2】は防水工事のインスペクション。雨漏れが多いとされる個所も施工要領通りで、施工状況は良好だ。

【写真３】は上棟検査時でのもの。構造躯体はツーバイフォー（枠組壁工法）を採用している。ツーバイフォーは家を面で構成し、地震時などの水平力に抵抗する工法だ。

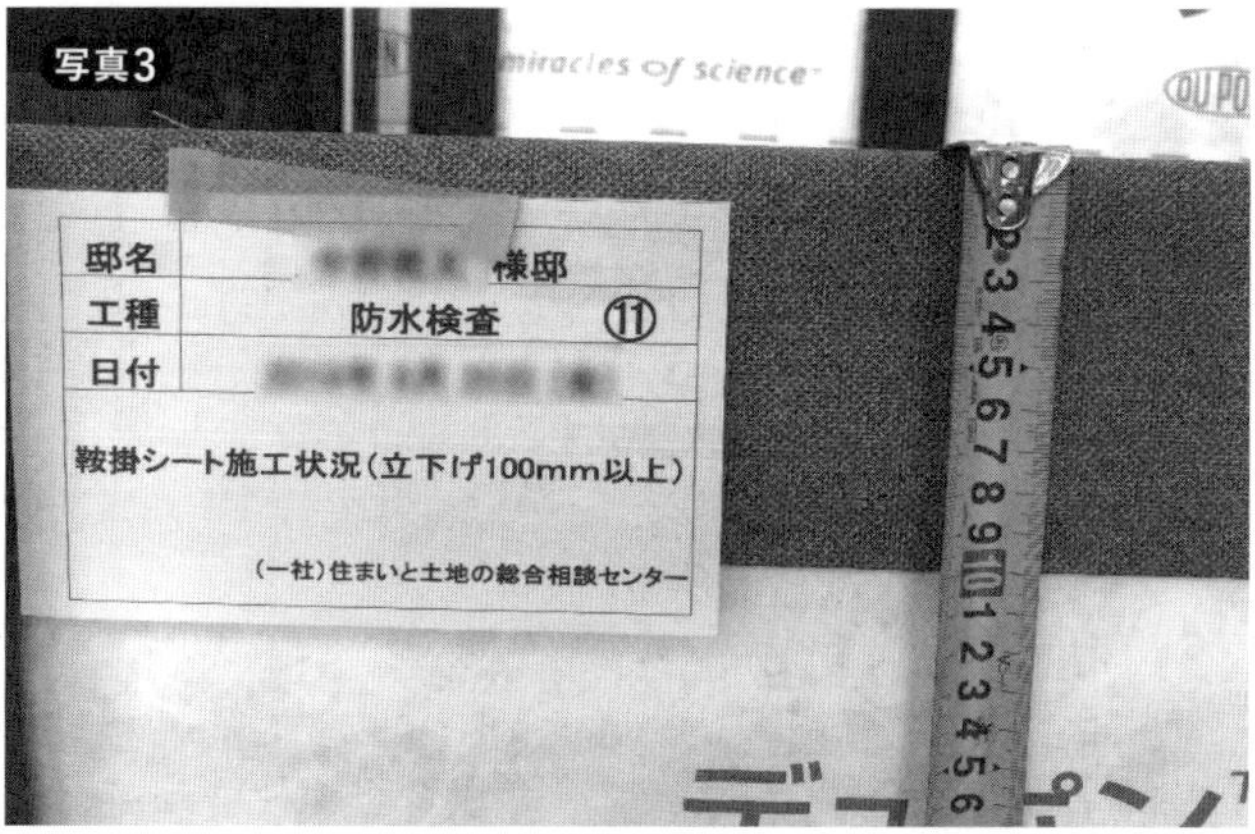

写真3

面の剛性を確保するためには、釘打ちが非常に重要なわけだが、【写真４】のように施工状況は良好だ。「たかが釘１本」と考えるか、「されど釘１本」として仕事をするか。言葉では簡単なことだが、きちんと実践できている工務店は実に少ない。

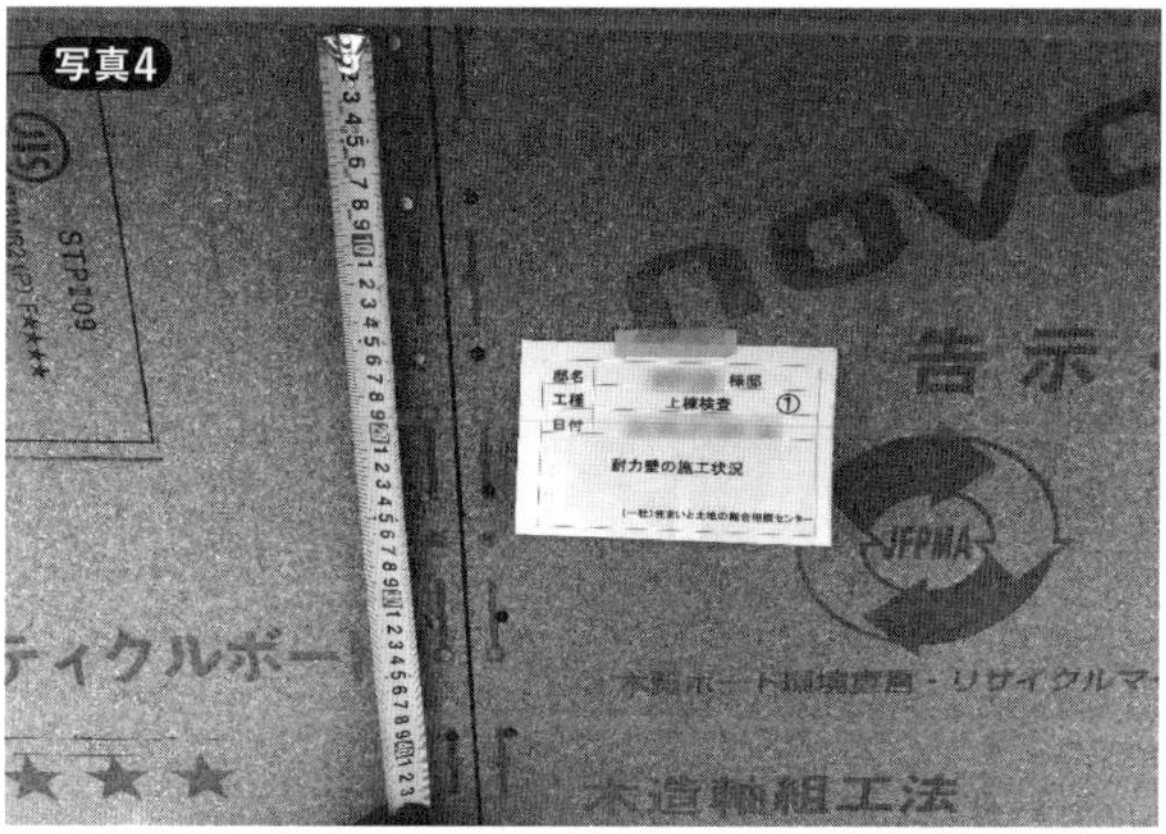

写真4

工務店のウィークポイントとして挙げられる「事業承継」を、計画的に実行していく現会長の貞松氏の姿勢に、やはりお客様第一の視点でかじ取りをしていることがうかがえた。しばらくは会長職に就き、現社長に伴走して事業を進めていくようで、安心感もある。タマックのさらなる飛躍を期待したい。

新潟県
新潟市

自然派ライフ住宅設計 株式会社

会社所在地 新潟県新潟市中央区高美町4-8
ホームページ https://nldo1012.com/

◉ 豪雪・寒冷地の特色を知り尽くした信頼の家づくり

写真1

写真2

新潟県の自然素材住宅を提唱する自然派ライフ住宅設計を再訪した。

無垢材をふんだんに使用した木造住宅は目を見張るものがある。竣工現場では、【写真1】のようにさすがのテイストで、仕上げも丁寧に施工されていた。

豪雪地域の新潟県では、耐震等級3設計の場合には、積雪荷重用により壁を多く配置するなど、かなりの設計制約が発生してしまう。そのため、【写真2】のように耐震等級2＋制震ダンパーを標準採用することにより、自由度の高い間取りを提案しているそうだ。

やみくもに数値を上げるのではなく、バランスを計算したうえで建て主のニーズに応えるのは、さすがと言っていいだろう。単なる〝数値ゲーム〟では家づくりは成功しないことのいい例だ。

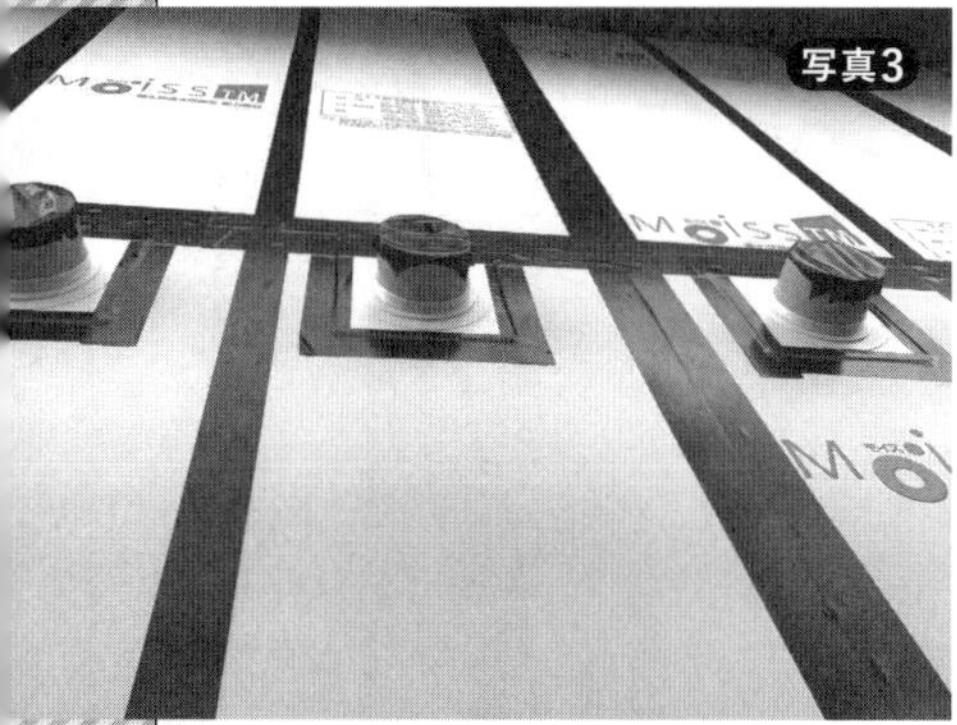
写真3

【写真3】は、雨漏れ発生の多い個所「外壁貫通部」に専用部材を採用している様子だ。日本住環境株式会社のドームパッキン。こういった一体成型品を使えば、雨漏れ事故などの確率はかなり低減するのでお勧めだ。

写真4

【写真4】は内装工事のインスペクションでの1枚。大工工事が終わり、内装業者のパテ施工中であった。リフォームやリノベ工事も数多く手がけているだけあり、仕上がりに直結する作業も丁寧に施工されている。

パテを正しく施工し、下地（石膏ボード）面を平滑にしておかないと、その上の仕上げ材を施工した際に段差が目立ってしまう、重要な作業工程である。

「工事費は400万円多くかけても、15年で元が取れる」と社長の大沼氏は言う。特に寒冷地の新潟では、「断熱性能」「気密性能」がのちの光熱費に多分に影響を与える。サッシ仕様の選定も、住んだ後のコストを考えて提案している。変わらず信用できる仕事ぶりに感心する。

静岡県
静岡市

株式会社 住家《じゅうか》

会社所在地 静岡県静岡市駿河区高松2丁目8-29
ホームページ https://www.jyu-ka.jp/

◉大工出身者ならではのこだわりが光る家づくり

社名の「住家」は「ジュウカ」と読む。社長の梅原氏はもともと大工出身で、実際に話をしたが、現場仕事にかなり精通していると言えよう。

写真1

創業は平成26年だが、大工である先代からの社歴は60年、地域密着の工務店と言えるだろう。

会社のビジョンは「家づくりを通じて、お客様へ感動提案を行い、人生のさらなる価値の創造をお手伝いしたい」ということで、梅原氏が「お客様の人生に『新しい価値』を提供できるこの仕事はとても魅力的です。その反面、目まぐるしく変わる環境や住まいの構造や工法に対して、プロとして常に最善を尽くすこと。それこそが私たちの仕事の本質ですよ」と力強く話していたのは共感が持てる。

現場での施工状況は、大工出身者ならではのこだわりが随所に見える。

【写真1】は上棟検査でのひとコマ。「羽子板金物」という梁を結合する金物は、締まっているか確認した後のマーキング（印をつける）ルールを実施している。よく見るとナットが少し変わった形をしているが、これは緩み防止のナットである。

「木造住宅は当然木をたくさん使いますが、どうしても木は乾燥収縮で縮んでしまう。木痩せを完全に防ぐことはできませんから、金物選定にも注意を払っています。長い間住んでほしいから、それに対応した金物を選定するのは僕たち工務店の仕事ですよ」という言葉は印象深かった。

【写真2】は防水検査での貫通部施工の様子だが、防水役物を使用している。職人の手によっては出来・不出来が目立つ箇所で、こういった部分は雨漏れに直結するため、部材選定を工夫してリスクヘッジをしていくのは正解だろう。

【写真3】は基礎完成検査の様子。仕上がりもきれいで、きちんとした施工がうかがえる。大工として仕事をしてきた経験から、基礎業者への指導も可能なのだろう。

法人化してまだ日は浅く、建築可能な数が限られていると思うが、「楽しみながら家づくりをしたい！」というクライアントには向いている工務店と言えよう。住家で建てたいというクライアントが行列を作る日も近いかもしれない。

静岡県
浜松市

有限会社 ワンズホーム

会社所在地 静岡県浜松市浜北区中条466
ホームページ https://www.oneshome-hamamatsu.jp/

◉受注エリアを絞り施主に寄り添う地元密着工務店

静岡県浜松市浜北区を中心に家づくりを展開する地元密着工務店である。

写真1

構造は在来軸組パネル工法に制震ダンパー、断熱材はウレタン吹付を標準にしているようだ。

社長の松井氏は、もともと地場大手のビルダーで営業職に就いていたという。しかし、そこでの家づくりは〝お施主様本位の家づくり〟ではなく、〝作る側の都合〟での家づくりであり、規格化された商品、工業化されたものであったとのこと。

家は本来、家族構成やライフスタイル、趣味趣向は違うはずで、同じ家はあり得ない。そこで、「お施主様に寄り添うような家を提供したい！」という思いから創業することになったとのこと。

松井氏は「家はお引渡ししてからのお付き合いが長くなるため、いつまでも地域に必要とされる企業になりたい」と言う。拡大路線の工務店も目立つなか、片道40分圏内で線引きし、工務店業をしていることには感心する。

【写真1】は防水検査の模様。きちんとした施工であった。

　外壁は一般的な通気工法を採用しているが、指摘もなく大変良好であった。

　上棟検査では釘の打ち方を細かく検査するが、ここでも施工は良好であった。【写真2】のように、特に床の釘打ちは丁寧に施工されていた印象を受ける。

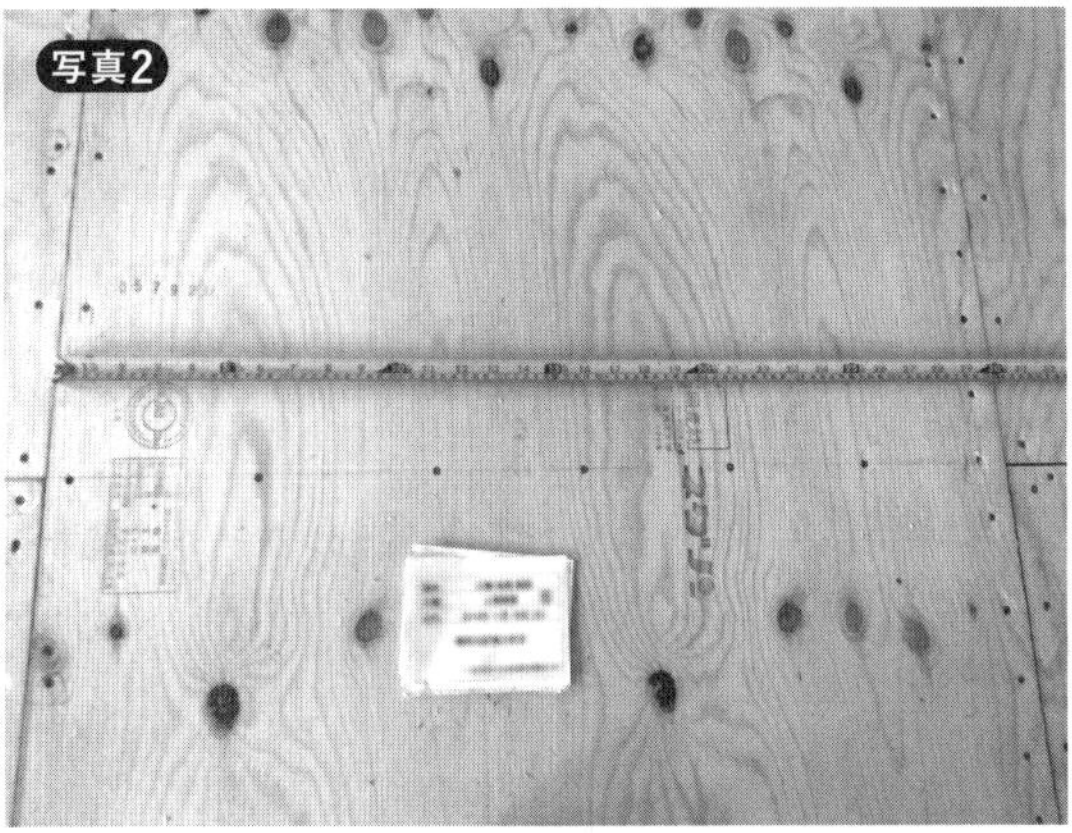
写真2

　地震への関心が高いエリアということもあり、耐震等級3が標準とのことで、このあたりの施工は注意を払っている工務店とそうでない工務店の差が大きいところだ。
【写真3】は左官職人の作業の様子。こちらも丁寧な仕事で問題はなかった。

写真3

　地元密着工務店は、ワンズホームのようにきちんと受注エリアを決めないといけないはずだ。なぜなら建てた人と家に寄り添って、気軽なアフターのお付き合いができるのが工務店だと思うからだ。松井氏は「拡大計画はまったくありません。ただ、紹介率でエリアナンバー1を目指しています」と言う。いい言葉だ。

静岡県
菊川市

ウィングホーム株式会社

会社所在地 静岡県菊川市本所1193-2
ホームページ https://winghome.jp/

◉家づくりへのこだわりと真摯な姿勢による高い安心感

静岡県菊川市・掛川市を中心に、アフターの迅速な対応のために菊川本社から車で40分圏内に施工エリアを決めているウィングホームへの再訪。〝きれいな空気の中で健康で快適に暮らせる家〟を手がける地域密着工務店だ。高気密高断熱を軸に、空気環境に配慮した住宅を創業時から提案している。

【写真1】は基礎工事完成現場でのインスペクションの様子。基礎の高さを「レベル」という機器で目視確認するのだが、施工状況は大変良好であった。写真からもわかるように、現場監督が総出で著者の検査に同席していた。このように、外部からの指導や意見交換を積極的に受け入れる社内の体制には感心する。

高さ確認は基礎自体もそうだが、アンカーボルトも重要な施工管理項目である。【写真2】はアンカーボルトの首だし長さ（基礎から○○㎜突出している）を計測しているものである。

アンカーボルトは基礎と上部構造体を緊結するための重要な部材。具体的には、土台や柱をしっかりと基礎に固定し、地震時の水平力などに抵抗するためのものだ。コンクリートを流し込み、コンクリートを加振（攪拌のため）する際にボルトが上下したり傾いたりするものなので、しっかりとしたボルト固定とともに、作業中には細心の注意を払わなければいけない。こちらも厳しく管理されている様子で良好だ。

写真2

【写真3】は防水検査時に撮影。防水紙も丁寧に施工されていた。サッシ周りの雨水侵入は発生事案が多いため、正確な施工要領通りの作業があってしかるべきである。貼ってあればいいのではなく、個所によっては数ミリ単位での細かい調整や、紙を貼る順序が正しくなければ雨が漏ってしまう恐れがある。

以前と変わらず、モノづくりに真摯に取り組んだうえで、建て主への細やかなサービスが可能な工務店であり、安心した再訪であった。

写真3

愛知県
小牧市

オーパススタイル 株式会社

会社所在地　愛知県小牧市東新町28－1

ホームページ　https://opusstyle.jp/

◉第三者による検査に裏打ちされた丁寧な施工姿勢

写真1

愛知県小牧市にある地域密着工務店で、受注エリアは車移動で1時間を目安にしているということなので、岐阜県も施工対応可能。高気密高断熱を軸に「バランスの良い住宅」を建てることを目指しているとのこと。

社長の伊藤氏は「数値ありきの性能競争はどうなんでしょうか……（笑）」「もちろん快適に過ごしてもらうために家づくりを頑張っていますが、数字のみでは住宅は評価できませんよ」と話し、共感が持てる。

これは毎度話すことになるが、机上の計算で家は建たない。理想と現実（現場）の乖離が激しい業界であるからこそ、「計算通りの家が建てられるのか？」というのが最も重要視すべき点であろう。作り手、具体的には大工などの職人が、定められた基準で正しくつくって初めてその数値が達成され、性能が発揮されるわけだ。

作り手のモチベーションを維持向上するのは意外にも難しく、有効な手段は数少ない。

その手段のひとつとしては、手がけた作業に対する正当な評価がある。オーパススタイルでは第三者の検査を標準採用し、施工力の公正なジャッジと向上を図っているとのことである。

【写真1】はそうした第三者からの評価の証である。

自身で検査ができる・できないという話ではなく、利害関係の少ない、他を知る人間が現場に介入することに悪い点はひとつもなく、消費者にとって有益であることは間違いない。

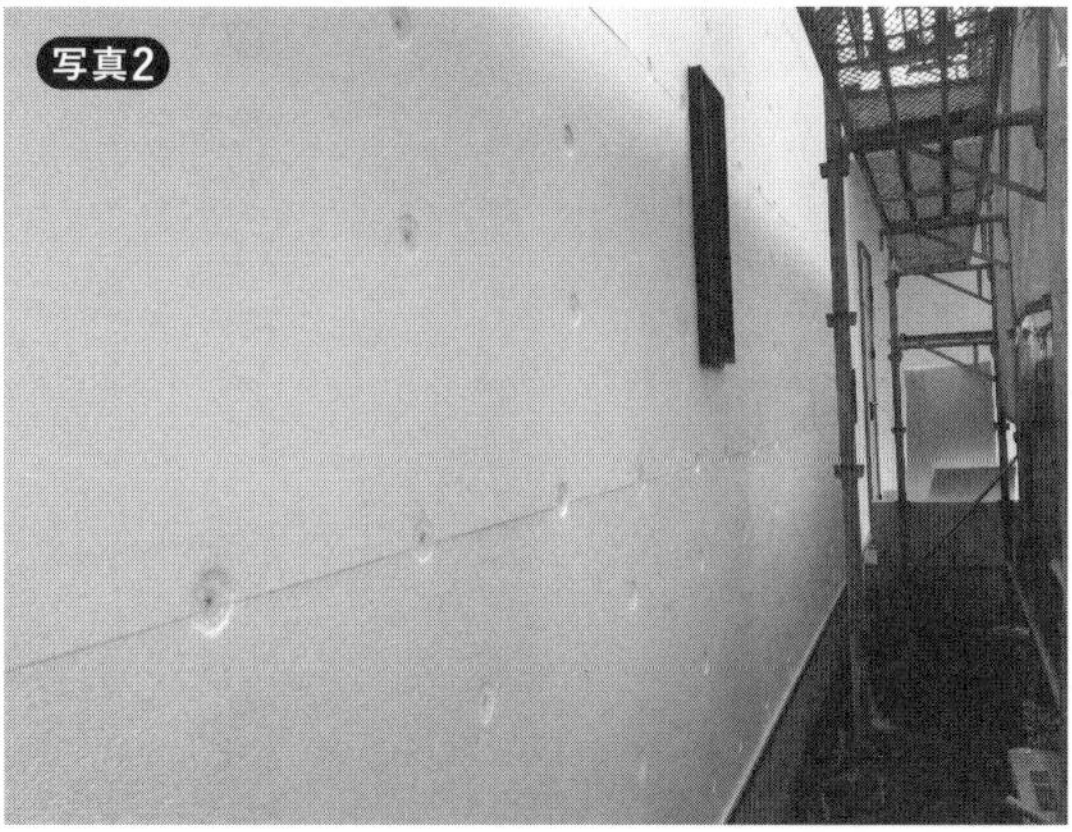
写真2

【写真2】は断熱工事の様子。断熱はいわゆるW（ダブル）断熱、内側は吹き込み式のセルローズファイバー、外はEPSの外断熱を標準で採用。外部の断熱施工は隙間なく、丁寧に施されていた。

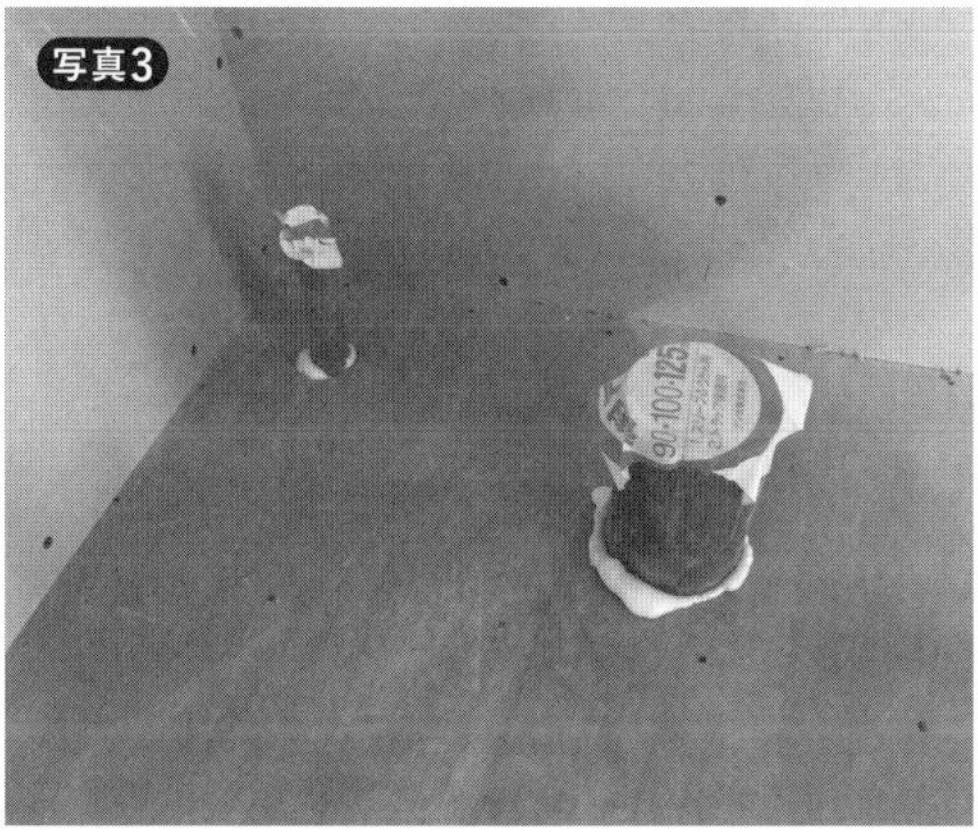
写真3

高気密住宅で計画しているので各所に気を遣っている様子がうかがえる。

【写真3】は内部造作インスペクション時のもの。1階床立ち上げの配管まわりの隙間を埋める措置も実施済だ。

建築地が同社の施工エリアに該当するのであれば、月に1~2度開催されているイベント（現場見学会）に足を運んでみてもいいだろう。

愛知県
高浜市

株式会社 シンカ

会社所在地 愛知県高浜市湯山町2-3-8

ホームページ http://www.cinca.co.jp/

◉安定した現場管理と改善意識の高さが魅力の工務店

愛知県高浜市の地域密着工務店に再訪。社員のモチベーションは相変わらず高く、現場管理が行き届いた、気持ちのいい現場で安心した。

自社の開発分譲による多棟現場も手がけているようで、シンカで建てたコミュニティという雰囲気が伝わってくる。

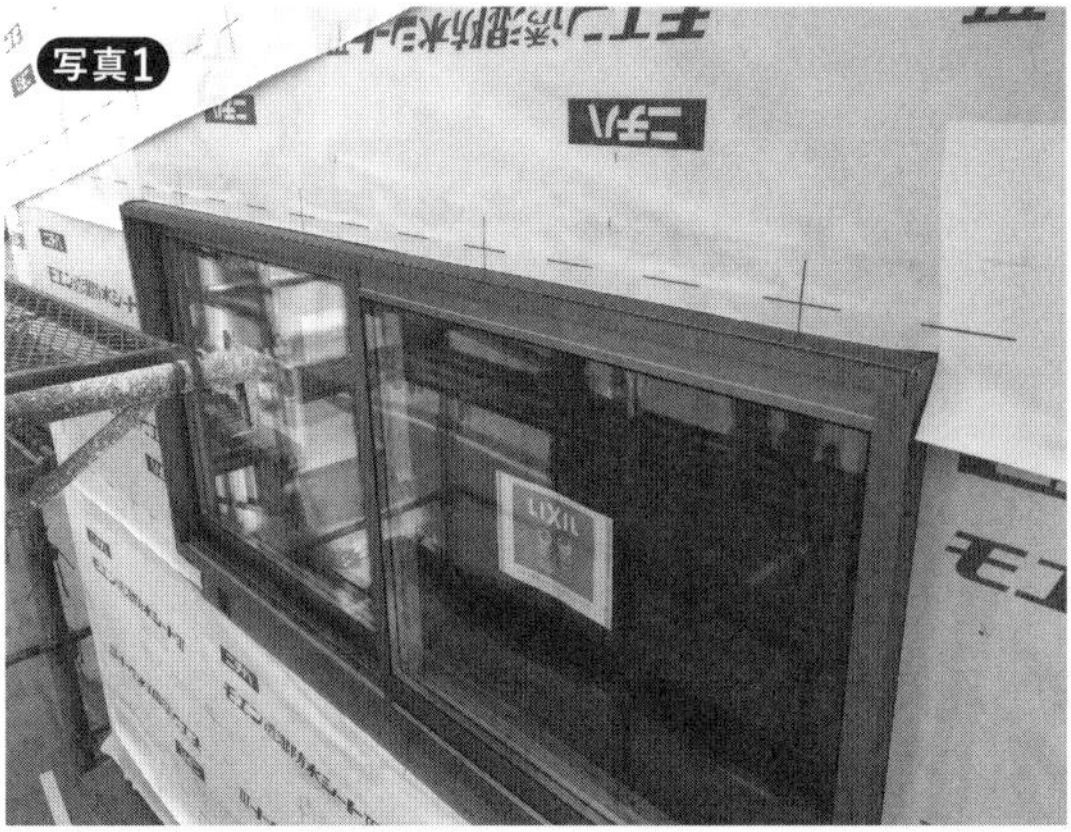

写真1

図1 別の視点の区分による木造住宅の雨水侵入部位（ワーストランキング）

■ 保険事故物件の雨水侵入部位の割合（2016年9月末までの累計）

新築木造住宅保険事故物件の雨水侵入部位第3階層部位別の割合（40項目）【部位】

順位	第3階層部位	%
1	サッシまわり部	28.1
2	外壁平部	8.0
3	防水層（床）の取合い部	5.6
4	手すり壁と外壁の取合い部	5.3
5	貫通口まわり部	5.2
6	パラペットと外壁の取合い部	4.6
7	壁止まり部	4.2
8	防水層（床）まわり部	3.3
9	軒の取合い部	3.2
10	防水層（屋根）まわり部	3.0
11	軒ゼロ棟の取合い部	3.0
12	軒ゼロけらば部の取合い部	2.8

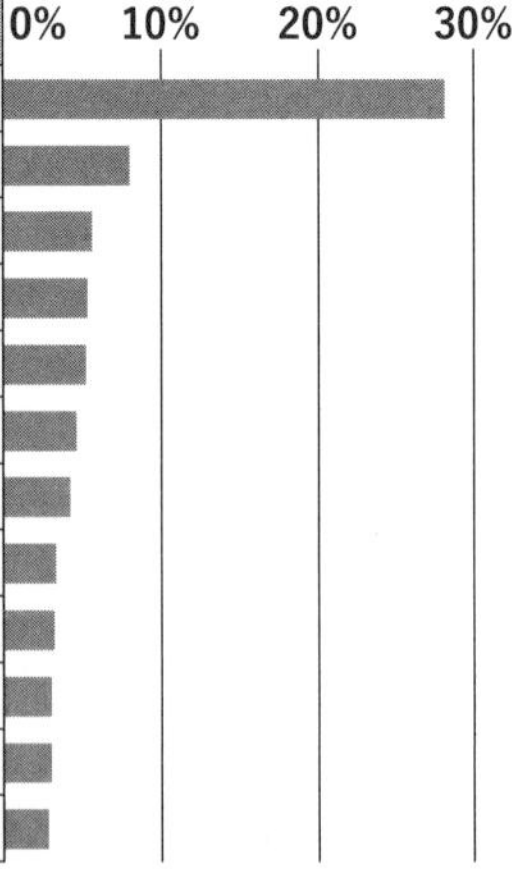

最初は防水検査を実施。【写真1】はサッシ周りの防水施工の様子で、防水紙施工が格段に向上していた。【図1】の保険法人のデータからもわかるが、雨漏れ事故の多くはサッシ周りである。

決められた施工は当然のこと、それ以上に、漏水に配慮した施工が最も望まれる箇所と言っても過言ではないだろう。

写真2

次は【写真2】の内部造作完了現場にて、大工の施工状況をインスペクション。

R壁を計画したリビングであるが、自在ベニヤ（曲げることができる）で丁寧に施工されている。

写真3

地域密着の工務店は、アフターメンテナンスがひとつの課題とも言える。経年で不具合（ひび割れ）発生の多い階段周りの壁は、【写真3】のように目地を施工することで、その発生を抑制するとともに、目立たないような配慮がされている。これから建築を考えている方には参考になる収まりだ。

最初にインスペクションを実施してから3年が過ぎたが、安定した現場管理と細かい改善などが実施されたシンカはやはり感心に値する。

三重県
伊勢市

株式会社　ビーディホーム

会社所在地　三重県伊勢市中島1-6-4
ホームページ　https://www.bdhome-style.com/

◉確かな設計力と施工力をあわせ持つ実力派工務店

地元の伊勢市を中心にした地域密着工務店、ビーディホームを再訪してきた。工務店というよりは、設計力をウリにした「アーキテクト」の色が強い。

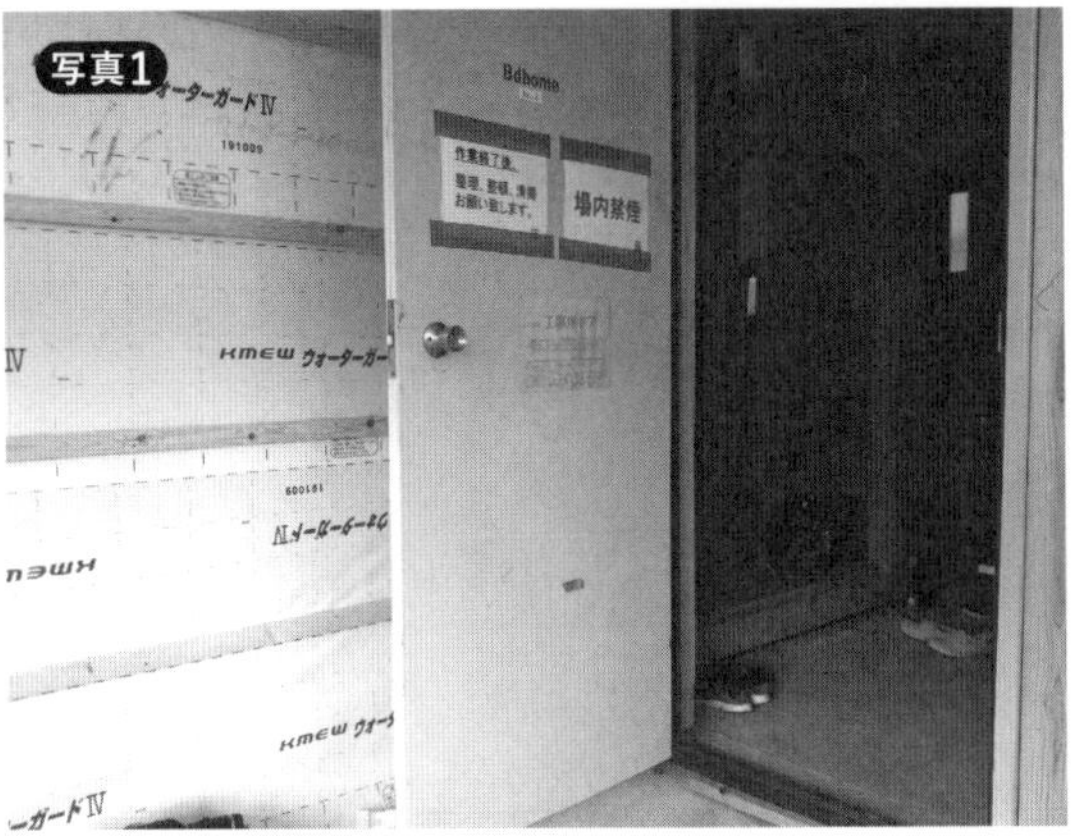

「設計事務所で家を建てたい！」と思う方は多いが、設計事務所だけでは家が建たないということはおわかりだろう。そのため、図面は建築士がドラフトし、工事自体は別の工務店が請け負うというスタイルが多いのだが、実際に現場を知らずして描かれた図面には不備が多いこともあるので要注意だ。

ビーディホームのような、現場管理や施工品質を知ったうえで、設計施工を一貫して行える会社があるのは、そういう方にとっては非常に心強いのではなかろうか。

【写真1】は仮設玄関ドア。多くの作業者が毎日開閉するものなので、傷がつくのは否めない。せっかくの新築の家をきれいな状態で引き渡すための配慮で、施主にとっては嬉しいことだろう。

現場は防水工事のインスペクションであるが、横胴縁はエアホールを採用している。現在の木造住宅の多くは外壁通気工法であり、換気をするため15㎜程度の隙間を空ける工法だ。

この工法で気をつけなければいけない点として、空気の出入りがあるということは、雨が入ってしまうということが挙げられるだろう。そこで、この通気用の隙間には、換気を促進するとともに、雨が入ってしまった場合にスムーズに外部空間へ排出する意味合いを持たせなければいけない。

写真2

そこで、横胴縁の場合には【写真2】のようなエアホール採用が望ましい。隙間を空ける胴縁材が横方向に施工されていれば、入った雨が胴縁材の上にたまってしまう恐れがあるからだ。

次の現場インスペクションは竣工時に実施【写真3】。さすがにデザインをウリにしているだけあり、細部まで考えられた色使いや部材選定となっていた。仕上がりも良好である。

写真3

近年、こだわりの家を希望する施主が多くなってきたと肌で感じる。そういった方のためにも、デザインもさることながら、さらなる品質向上に向けて邁進してほしい。

三重県
菰野町

ハウスクラフト 株式会社

会社所在地 三重県三重郡菰野町福村795-1
ホームページ https://www.house-craft.jp/

◉丁寧な施工と徹底した現場保全が物語る信頼性

写真1

三重県の地域工務店であるハウスクラフトを再訪。まずは造作工事途中の現場を訪問し【写真1】、大工の施工精度を中心に、断熱工事や設備工事に関して現場チェックを実施。現場は細かい部分まで気を遣い、丁寧に施工されていた。

次の現場【写真2】と【写真3】は、防水工事のインスペクションの様子。

この工務店は、地域では「デザインがウリ」のポジションでもあるが、見えるところを綺麗に仕上げれば……ではなく、建物の基本性能にかかわる箇所を、本当に丁寧に施工をしていると感じる。

私の指摘や指導は「さらにこうしたほうがいいよ！」という内容も多く、手間暇がかかるのだが、それを聞き入れ、よりよく変わろうとする前向きな姿勢は感心に値する。社長の遠藤氏を先頭に、日々の勉強会や技術研鑽による積み重ねが大きいところだろう。

また、とかく工務店の現場では安全配慮が足りない現場を多く見かけるのだが、たとえば【写真4】のように、開口部からの落下防止措置もきちんと実施している。

当たり前と言えば当たり前なのだが、これができている現場は実に少ないのが現実だ。

そうした点についても、遠藤氏は「現場清掃や安全保全は当たり前です。技術の話は上手い・下手などありますけど、掃除は誰でもできるでしょ？（笑）」とさらりと言うから大したものだろう。

写真2

写真3

写真4

滋賀県
近江八幡市

華《はな》建築 株式会社

会社所在地 滋賀県近江八幡市出町162-2
ホームページ https://hanakenchiku.jp/

◉第三者の意見にも耳を傾ける真摯な姿勢が高評価

滋賀県の地域工務店、華建築株式会社を再訪。【写真1】は基礎完成現場の検査実施だが、前回と変わらず、現場への施工精度のこだわりや配慮はかなりレベルが高い。施主には「大事なことは目に見えない、家づくりは見えないことが大事です」と説明し、【写真2】のように、実際に基礎の天端レベル検査を施主が立ち合いのうえで確認を行っているのが好評のようだ。

基礎レベル検査と気密測定の立ち会い確認は、希望者に対して全棟実施するほど、施工精度には気を遣っている。【写真3】のように、基礎は配筋組の現場検査も実施した。基礎職人さんも交え、技術指導や「こうやったほうがいいよ」ということを意見交換。

工務店や職人には、間違いなく2パターンが存在する。私のよう

写真1

写真2

な第三者からの意見に〝**耳を塞ぐ人**〟と〝**聞く耳を持つ人**〟だ。

「全国の工務店ではこうやっているよ！」

「ハウスメーカーではこうですよ!!」

「法律やルールはこうなっていますよ!?」

建築業界に限っての話ではないが、時には思い込みや勘違いもあるので、日々の勉強は必須だ。そんなことを一生懸命に吸収しようとする工務店や職人は、残念ながら本当に数が少なく、華建築のような工務店

写真3

は本当に貴重だと感じる。

【写真4】は断熱検査の様子。赤外線サーモカメラで、いつものように断熱欠損を……と思ったが、指摘箇所はなく、大変良好な施工状況であった。

社長の林氏は「感動の家づくりは、家づくりに携わる全員が共感しないと達成できない」と話すが、関係者が一丸となって「感動提供のできる家づくり」を実践できうる数少ない工務店だと思う。引き続き真摯な家づくりを実施し、地元に根づく頼りになる工務店であってほしいと思う。

写真4

京都府
向日市

株式会社 リヴ

会社所在地　京都府向日市寺戸町七ノ坪141番地
ホームページ　https://liv-r.co.jp/

◉歴史ある街で培われた木造住宅の技術とセンス

平成10年創立の株式会社リヴ。もともとは大手ハウスメーカーの指定工事店だったようだが、その住宅事業手法に馴染めず、自社で注文住宅を手がけるようになったとのこと。指定工事店とはいわゆる「下請け工務店」で、基本的にはそのハウスメーカーの住宅のみを工事する会社を指す。

社長の波夛野氏によれば「地元密着の工務店としてお客様と顔を合わせて家づくりをしたい、という思いから、自社で注文住宅を手がけるようになった」ということであった。

「『未来図は、対話のなかにある。』を理念に、お客様との対話を大切にして、人づくり・緑づくり・街づくりを地域で広めていきたい」という話は地場工務店ならではだ。

写真1

歴史のある京都が、リヴの家づくりの方向性を決めていると言っても過言ではないようだ。歴史的木造建築物が多く、木造の良さを知っているからこそ、「住み継ぐ家」をひとつのコンセプトにしているとのこと。大型木造住宅の可能性を広げようと、創意工夫をし

ている点からもわかる。

大手での経験が生かされている良い点は、アフターメンテの大切さを知っていることだろう。特に、随時受付のサービスサポートは安心できる要素のひとつだ。

【写真1】は現地検査にて撮影。竣工検査時のものである。小屋裏の様子だが、外壁の防火構造施工は丁寧になされていた。

【写真2】は上棟検査のもの。天候が不安定な時期であったため、階層部分の構造用合板小口（矢印部分）から雨が入り込まないように防水テープを貼るといった手間をかけている。

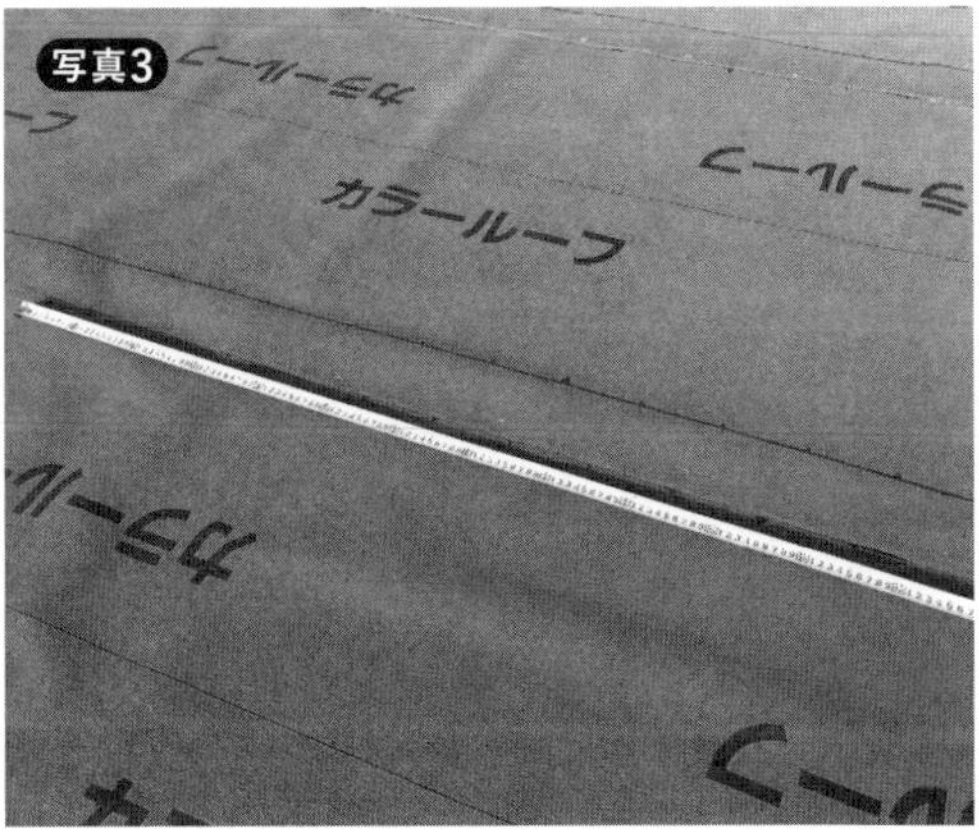

【写真3】は屋根ルーフィングの施工状況。いわゆる屋根防水の材料だ。貼り方、留め方ともにルール通りに施工され、良好な状況だ。多くの現場で、指摘事項としてあがる屋根防水だが、丁寧な施工であった。

「街づくり」を軸とした、住宅・不動産・飲食など住まいに関係する事業を水平展開していくことは、会社の経営も安定化できるので、安心材料のひとつだろう。

大阪府
豊中市

有限会社 ひかり工務店

会社所在地 大阪府豊中市服部本町1-8-5
ホームページ http://www.hikarikoumuten.com/

◉大震災の経験を元に確かな家づくりを目指す工務店

大阪府北部の豊中市にある地域密着の工務店。施工エリアは車で1時間圏内ということなので、大阪府以外でも、兵庫県や京都府、奈良県など、場所によっては対応可能とのこと。

写真1

社長の清水氏は、現場監督として木造建築から重量鉄骨、RC現場施工までの経験があり、施工に特化した資格の一級建築施工管理技士を持つ。阪神・淡路大震災を経験した工務店経営者の1人だ。

ひかり工務店での家づくりのキーワードは「性能」「デザイン」「適正価格」。性能については、耐震性能はもちろん、気密・断熱も相応に注力をしているとのことで、会社のホームページを見ると、外断熱工法と発泡ウレタン断熱からチョイスできるようだ。

【写真1】は訪れた断熱検査時に撮影したもので、この現場は発泡ウレタン断熱を採用している。

工務店では珍しい部類で、赤外線カメラを持参し、「断熱材の隙間有無」をチェックしている。【写真2】はその様子。検査も「見える化」が推奨される昨今、値は張るが機器を購入し、現場品質管理のツールとしているのは感心する。

デザインに関しては、単に絵がうまい、魅せ方が上手ということではなく、多様な工法を経験した現場監督出身の清水社長が、収まりなどを細かく注文していたのが、現場では印象深い。

写真2

アットホームな雰囲気の感じる工務店で、自然素材への関心が高い施主へも対応が可能とのこと。上棟検査時に撮影した【写真3】は、炭を使った防蟻処理剤。高気密・高断熱化の流れが急加速していく低層住宅業界で、こういった自然素材に関心が高いのは必然なのかもしれない。

写真3

「これらの性能を基軸として、パッシブデザインの住宅を地元で提供し続けたいので、『真剣に家づくりを考えている人』にぜひ来ていただきたい」という頼もしい発言が好印象であった。毎月、家づくり勉強会を開催しているようであるから、話を聞きに行っても損はないだろう。

兵庫県
姫路市

株式会社 アイスタイル

会社所在地 兵庫県姫路市飯田2-30
ホームページ https://www.istyle-hyogo.jp/

◉現場のすべてにまじめな家づくりの姿勢が伺える工務店

自然素材の選定に気を使い、健康住宅を推奨している工務店の再訪。

写真1

年間受注棟数15棟と上限を決め、施工エリアも絞っているという、こだわりのある地域密着工務店だ。

今回は洋瓦が特徴的な現場を訪問し、構造躯体を確認した。

【写真1】はモイスを採用した外壁面材。施工マニュアル通り、丁寧に施工されている。

どの種類でも共通して言えるが、耐力壁の面材施工は多くの工務店で数多く指摘をする。

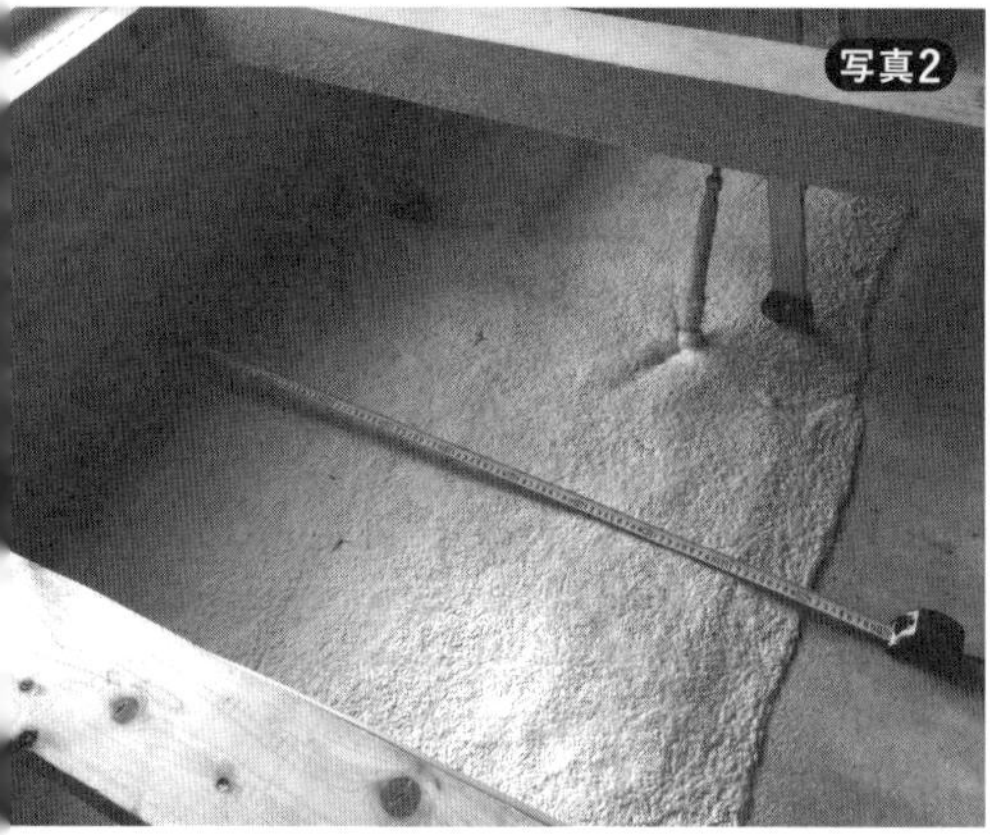
写真2

特に、釘の打ち方は大工の性格、スキルに多分に影響されるため、きちんとした職人で、徹底した品質管理をしないと、

写真3

完全にパスはできない施工区分と言っても過言ではない。

【写真2】は内部の様子で、基礎断熱が施工済であった。

完成直前現場にて竣工検査を実施したが、折り返し寸法も十分に確保し、しっかりとした断熱施工が確認できた。

丁寧な仕上がりで、躯体精度は良好。現場の清掃状況もよく、担当大工の応対も非常に好感が持てる現場であった。「いいものを作りたい」「施主に喜んでもらいたい」という気概を持ったプロフェッショナル集団であることに間違いはないだろう。

【写真3】は完成現場の様子。日頃、新建材が多く使用されているハウスメーカーのインスペクションを実施している筆者だが、やはり「自然素材の家は臭いが少ない」というのが素直な感想である。クローゼット内部も当然ノンケミカルで、天然木が使用されている。

設備業者の仕事ぶりは【写真4】でわかる。電気業者の施工状況も、配線の流し方、固定の仕方など、細かい部分まで丁寧に施工されていた。

写真4

関係者一同が、まじめに家づくりに取り組んでいる印象は以前と変わらずで、何よりであった。

奈良県
奈良市

株式会社 北条工務店

会社所在地 奈良県奈良市三碓2-4-15-1
ホームページ https://www.hojoh.co.jp/

◉本当に「いい家づくり」の方法を知っている老舗工務店

奈良県の老舗工務店である北条工務店を再訪。【写真1】の現場でまず目についたのは、以前に訪問したときよりも格段に現場保全がしっかりされている点だ。

いわゆる「現場美化」は口で言うのは簡単なのだが、手間や費用がかかり、どうしても後回しになってしまうのが「仮設工事」（敷地のゲートや足場、保全用の材料など）の現実。整理・整頓・清掃を前向きに頑張っているのがヒシヒシと伝わってくる。

エリア的に狭小地も多いため、ずさんな工務店ときちんとした工務店の差異が激しい項目である。【写真2】は防水検査の様子。外壁通気工法の施工ポイントは、空気の「入口」「出口」をきちんと計画、施工することだが、丁寧に施工されていた。

写真1

木造住宅では「防水紙」と呼ばれる材料で防水をするが、これを大工が行う工務店と外装屋が行う工務店とがある。この工事は施工区分が曖昧で、施工不良が目立つ箇所になりがちだ。いわゆる**取り合い部分**という箇所だ。こういった部分もルールを決め、品質管理

写真2

をすることが非常に重要である。

これまでのインスペクション経験上、結局はジョイント部（取り合い部）での不具合発生が最も多いように思う。人と人、部材と部材、作業と作業。北条工務店の現場では、そういったバトンを渡す個所がきちんと管理されていた。それらを管理することで、初めていい家が建つことを理解している工務店だろう。

【写真3】は大工の作業、内部造作工事だ。

木造住宅の注意点のひとつに、火災に配慮しなくてはならないことが挙げられる。不燃材である石膏ボードを部分的に先行貼りしているのが確認できた。こういった個所も「いつ・誰が・何を・何のために」工事するか？ がルール化されていることが非常に重要である（※）。

老舗である工務店だが、現在の法規制やルールを順守している優良な工務店例だろう。

写真3

（※注意）木造防火構造は、採用する部材や工法、所轄行政の解釈により相違がありますので、該当エリアでの行政確認を推奨します。

岡山県
岡山市

株式会社 コスミック・ガーデン

会社所在地 岡山県岡山市北区今1丁目12-25
ホームページ https://cosmic-g.jp/

◉性能重視でメディアでも家づくりの啓蒙活動を実施

〝家は、性能。〟

某大手工務店と同じフレーズが、事務所入り口で目に止まるのが印象的だった。

社長の藤井氏は、もともと大手ハウスメーカーに在籍した経験を持つ。ハウスメーカーでの「住宅販売」志向が肌に合わず、いくつかの住宅会社勤務を経て、有志で創業。創業は平成9年とのことだから、社歴は20年以上になる。

藤井氏の専門は物理学だそうで、話を聞いていても、コスミック・ガーデンの考える住宅性能の礎がそこにあるのがわかる。性能を追い求め続けている地元密着工務店と言えよう。

地元密着が伺える要素のひとつとして、地元ラジオ局で家づくりの啓蒙活動も実施している。FM岡山、山陽放送のラジオ2局と岡山放送のテレビ1局で、家づくりの話をする番組で情報発信をしているとのことなので、一度視聴してみたい。

藤井氏の「家の本質は、命を守ること」という言葉には非常に共感させられる。

「単に売りやすいから●●工法」「差別化になるか

ら▲▲という材料」……下手をすれば、そんな考え方で家づくりをしている会社もたくさんあるなかで、材料選定から製品・技術の開発、実証実験、効果確認まで自社で行う、数少ない工務店と言える。

【写真1】は基礎完成検査時の様子。アンカーボルトは溶融亜鉛メッキを採用している。このあたりも耐久性を考えてのことだろう。コンクリートの打ちあがりは非常にきれいで、基礎屋の腕はかなり高い。

写真2

【写真2】は防水紙検査の様子。防水紙は「タイベックシルバー」で、こちらの材料選定も会社理念と合致している。

構造は枠組壁工法のツーバイシックスである。

写真3

【写真3】は小屋裏の様子。屋根は創業間もないときから、屋根通気を採用しているそうだ。今でこそ屋根通気の考えが普及してきてはいるが、創業時は数少ない工法だったはずだ。

熟考された材料選定、工法だが、費用は抑えられている。目安は坪単価80万円とのことだから、訪問の価値はある。

岡山県
岡山市

株式会社 FORT

会社所在地 岡山県岡山市北区問屋町9-101
ホームページ https://fort410.com/

◉全方位で「バランスのよい家」を目指す家づくり

写真1

もともと社長の中村氏は不動産業として2012年に創業したようだ。土地や建物を仲介していた立場であったが、理想の家を提供したいと考えはじめ、注文住宅を手がける株式会社FORTを立ち上げたという。

当初はFC加盟で注文住宅の受注を受けていたが、「バランスのよい住宅を目指し、現在ではFCではなく、完全自社請負の工務店です」とのことだ。バランスのよい家とは、価格・品質・資産性などを視野に入れてのことだが、不動産事業の際にバランスの悪い家をたくさん見てきた社長のだからこその家づくり方針だろう。

中村氏は、「不動産の売買を通じて、売却物件も手がけてきました。高額な住宅ローンが払えず、泣く泣く売却の選択肢を選ぶ人もいました。といっても、その住宅はとりわけ性能が良いわけではなく、コストバランスの悪い家……ということも稀ではありません。そんな家で不幸になる人を減らしたいと思いますね」と話す。さすがに不動産出身らしい言葉だ。

デザインへのこだわりはあるが、華美な装飾はせず、あくまでもコストパフォーマンスの高い住宅を目指しているとのこと。

【写真1】は上棟検査時の様子で、屋根防水紙の立ち上げ寸法はきちんと250㎜以上の適正寸法が確保されていた。

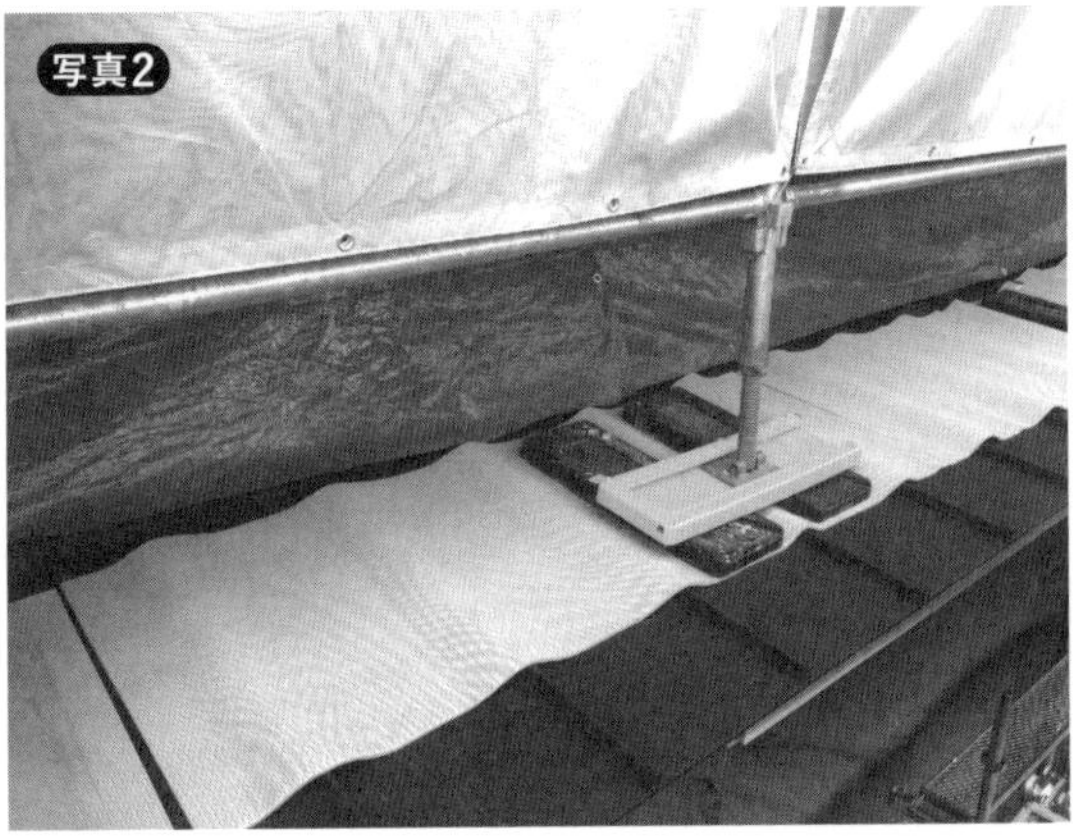

写真2

屋根はガルバ採用も多いようだが、薄い材料のため、変形しやすいのが難点だ。【写真2】では、養生材で足場下に配慮している様子がうかがえる。

【写真3】は内部造作時のもの。設備業者が配線工事を実施していた。気密の目安であるC値はFORTでも気をつけている様子で、気密カバーが採用されていた。全棟気密検査を実施しているとのことで、C値は0・3前後を確保しているのだから、十分に高気密住宅仕様だ。

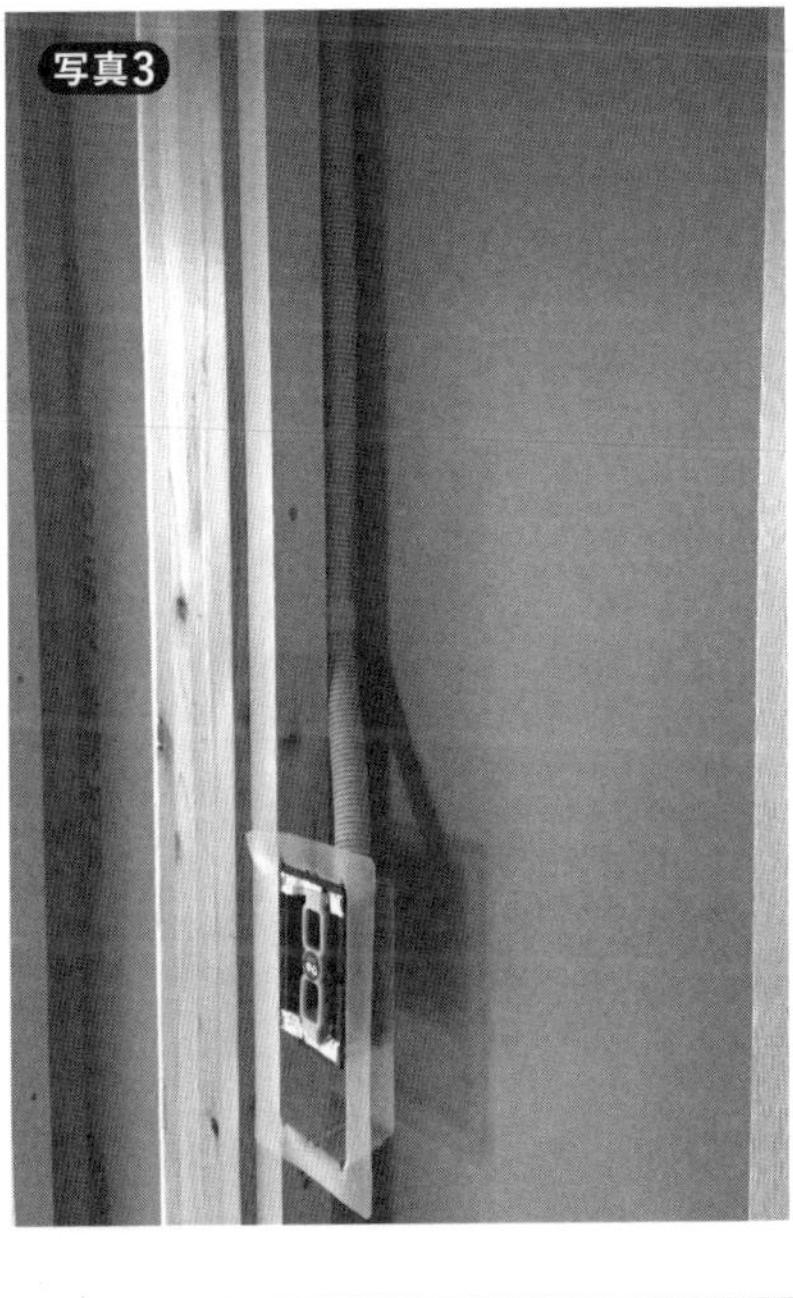

写真3

注文住宅の請負を始めてまだ日が浅いのは否めないが、「日々、バランスのよい家を目指し改善活動を繰り返している」とは社長の談で、心強い。

山口県
光市

株式会社 the HOUSE

会社所在地 山口県光市中央5丁目1-20 セントルーチェ7F
ホームページ https://www.the-house1.com/

◉設計力・施工品質の両方を満たす実力派工務店

再訪の1棟目はちょうど「建前」だった。建前とは、柱、梁などの構造材を大工が一気に組み上げる、いわば現場の花形のタイミングだ。【写真1】はその様子。

写真1

明日が雨の予報であったため、いつもより大工の人数を多く投入し、養生実施まで完了させる工事の段取りであった。

写真2

もちろんのことだが、大工は全員、安全帽（ヘルメット）を着用し、安全に配慮している。残念なことに、安全配慮に乏しい会社があることの否めない建築業界では、こういった当たり前のことを当たり前にできる会社は安心できる。

建前は多くの材料が搬入され、現場が乱雑になるケースが多いが、きれいに整理整頓された様子が【写真2】でわかる。

【写真3】は次の現場で、上棟検査時に撮影。躯体精度は良好で、丁寧な仕事は以前と変わらない。こちらも翌日の天候に対応するため、全面ブルーシートで養生がされていた。

the HOUSEの家は、共同設計会社のコモドデザインという一級建築士事務所がすべて手がけており、工事部隊と密な連携をとっているのが特徴的だ。

【写真4】は屋根防水の様子だが、ここにはサッシ（窓）が計画されている。

現場の収まりや施工ルールを知らない、〝デザインありき〟の設計事務所だと、こういった部分が実に弱く、施工基準を満たしていないケースを指摘するのだが、きちんと防水ルーフィング立ち上がり寸法が規定の２５０㎜を確保していることは感心する。

見た目のカッコよさは大事だが、雨が漏ってしまったら家としての機能は果たせない。設計力・施工品質の両方を満たしている工務店と言えよう。

おわりに

２０１９年の秋、埼玉県で結構な年間棟数を建てていた工務店が倒産しました。

ちょうど２０１９年の初めに、この工務店で建てたいという方から相談がありましたが、契約書や図面をざっと見て「やめたほうがいい」ということになり、別の会社で新築を依頼したクライアントがいます。

株式会社開成コーポレーション

木造建築工事業
事業停止
TDB企業コード:270141654

負債45億9900万円

「埼玉」　（株）開成コーポレーション（資本金2億4200万円、ふじみ野市清見2-1-11、代表武田宏氏、従業員100名）は、10月31日に「株式会社開成コーポレーションは本日をもって一切の業務を停止し、破産手続き申し立てを行う予定です」とする告知を掲示した。

当社は、1970（昭和45年）10月創業、72年（昭和47年）8月に法人改組した木造建築工事業者。埼玉県西部地区、特に東武東上線沿線において高い実績を残してきた業者で、主力の木造建築工事の請け負いや、一部不動産賃貸も手がけていた。ふじみ野市の本店のほか、春日部市、熊谷市などに支店を開設し、近時は県内15カ所に展示場を設けるなど積極的な営業を展開。また、日本住宅保証検査機構（JIO）より登録ビルダーの認証を受けるほか、日本地域開発センターが主催する「ハウス・オブ・ザ・イヤー・イン・エナジー」の受賞を複数回受けるなど品質面でも高い評価を受け、ピーク時の93年7月期には年売上高約81億円を計上していた。

しかし、以降は住宅需要の低迷や県内外のハウスメーカーとの競争激化で業績が低迷、2018年7月期は年売上高約40億5200万円にまで減少していた。営業拠点開設や運転資金に伴う金融機関からの借入金が高水準に達しており、毎期黒字を計上していたものの、厳しい資金繰りを余儀なくされていた。

負債は2018年７月期末時点で約45億9900万円。

たまたま、その年に倒産ということになって間一髪でしたが、一般の消費者の方は、「危ない工務店」の見分け方を知る由もありませんから、いつ発注した工務店が倒産してしまうかもしれないというリスクがついて回ります（もちろん、倒産リスクは工務店だけではないですが……）。

自邸の新築工事途中に工務店が倒産してしまうと、現場工事が中断してしまいますから、依頼された方は途方にくれることになります。

工務店が倒産する場合には、まず破産申し立てを裁判所にします。破産申し立てとは「もう事業継続ができないので倒産させてください」と裁判所に言うことです。一般的には弁護士が代理人として手続きを行います。

そこで、どのくらいの借金があって、どのくらいの資産があって、どうやって債権者にお金を分配するか？　という話になるのですが、倒産するくらいですから工務店にはほとんどお金がないのが普通です。

建て主は、最後まで家を建てられないのであればいくらか返してほしいと工務店に言いたいところですが、それは無理な願いということになります。

その後は、さらなるお金を自分たちで出して、工事を引き継いでくれる工務店を探すことになりますが、工事完了部分（倒産会社が施工した部分）、つまり「目に見えない部分」の保証がどうなるか？　など、解決しなくてはいけない問題が多々あり、家を完成させてくれる工務店を探し出すのもひと苦労です。

「地元で数多く建てている」
「●●で受賞経験がある」
「雑誌に掲載された」
「不動産業者に安心できる工務店だと紹介された」

などなど、甘い誘い文句はたくさんありますが、それらも冷静に考えれば、それだけで依頼先に決定できないというのはわかるはずです。

決して雰囲気で契約しないでくださいね。

「営業マンが良かったから」ではなく、慎重に選びましょう。

印鑑を押す前に、自分たちの大きな財産を、家族の人生を、その会社に預けることができるか？　を自分たちに問うてください。

2020年3月

市村　崇

装丁・デザイン◉桜井勝志（アミークス）
図版作成・ＤＴＰ◉アミークス
編集◉飯田健之
編集協力◉出口富士子（ビーンズワークス）
岡本志郎（オリーブグリーン）
松山久

知らないとバカを見る!
工務店で「納得の家」を建てる方法

2020年4月13日　第1版第1刷

著　者　市村崇
発行者　後藤高志
発行所　株式会社 廣済堂出版
〒101-0052　東京都千代田区神田小川町2-3-13
M&Cビル7F
電話　03-6703-0964（編集）
03-6703-0962（販売）
FAX　03-6703-0963（販売）
振替　00180-0-164137
URL　http://www.kosaido-pub.co.jp

印刷所
製本所　株式会社 廣済堂

ISBN 978-4-331-52276-9　C0052